MW01143576

VISTAS EN SECCIÓN DE VEHÍCULOS Y NAVES

TEXTOS
DAVID WEST REYNOLDS

ILUSTRACIONES
HANS JENSSEN
Y
RICHARD CHASEMORE

Barcelona • Bogotá • Buenos Aires • Caracas • Madrid • México D. F.
Montevideo • Quito • Santiago de Chile

Sumario

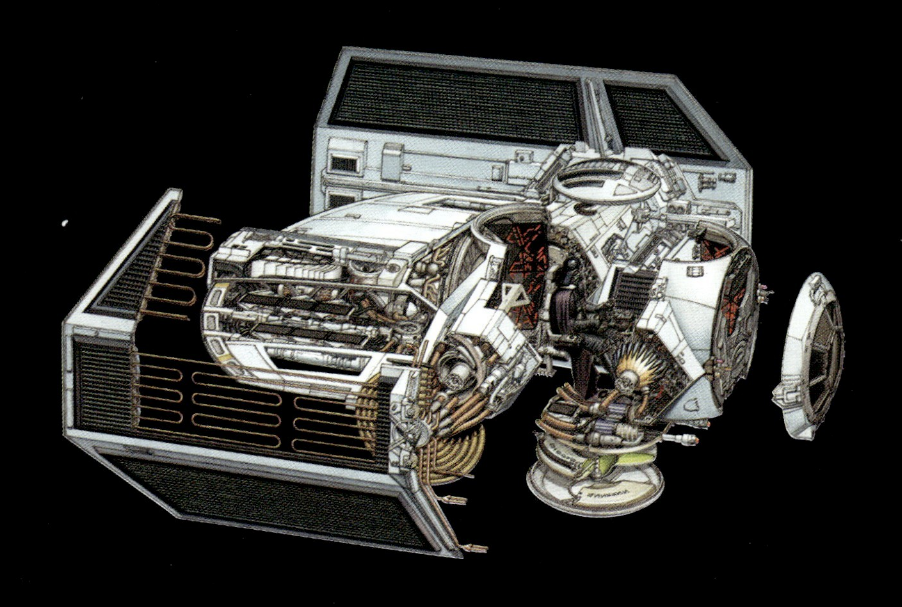

Introducción

LAS DESLUMBRANTES NAVES espaciales y los exóticos vehículos de *La guerra de las galaxias* surcan las pantallas de los cines y casi llegan a convertirse en personajes, con sus complejos detalles y sus fascinantes diseños. La riqueza de su concepción invita a la curiosidad. ¿Qué hay dentro de un tractor de arena jawa? ¿Y cómo despliega un destructor estelar sus cazas TIE? ¿Dónde estaba Ben Kenobi cuando desactivó el rayo tractor de la *Estrella de la Muerte*? En este libro se revelan por fin la disposición interna y los componentes de esas impresionantes naves, se responden todas las preguntas y se muestra dónde sucede toda la acción y cómo funcionan los sistemas. Para que las extraordinarias ilustraciones de este libro fueran definitivas se ha realizado una investigación y un trabajo de diseño meticuloso y detallado. En la bodega principal del *Halcón Milenario* se ve la ballesta de Chewbacca, y en la litera del *Esclavo I* de Boba Fett aparece el libro de registro en el que el cazarrecompensas ha escrito finalmente «capturado», junto al nombre de Han Solo. Muchos de estos vehículos han permanecido envueltos en misterio, pero aquí se desvelan sus secretos. Explóralos tú mismo y disfruta de la profundidad de una de las grandes historias de nuestros tiempos.

Los motores de las naves

La avanzada tecnología de motores de *La guerra de las galaxias* se manifiesta de muchas formas. Los elevadores de repulsión son dispositivos seguros y fiables que levantan a una nave del suelo y la llevan hasta las capas más altas de la atmósfera de un planeta, además de servir de cojín en el aterrizaje. Los propulsores subluz son motores de impulsión más elaborados y potentes que se utilizan para navegar por el espacio que rodea a un planeta. Por último, los complejos motores de hiperpropulsión disponen de un efecto transfísico para sacar a una nave del espacio real y adentrarla en el hiperespacio, lo que permite viajar entre estrellas distantes. Estos motores sólo pueden utilizarse cuando la nave ha abandonado la gravedad de un planeta.

Los propulsores subluz

Las naves espaciales utilizan los propulsores subluz una vez se han alejado lo suficiente del personal o de cualquier instalación que pudiera dañarse por las leves emisiones radiactivas. Existen diseños de motores subluz muy diversos que explotan el principio de la impulsión de iones, alcanzado gracias a varios reactantes y aceleradores electrónicos a partir de potentes mezclas de combustibles. Éstos pueden ser gas radiactivo presurizado, fluidos compuestos volátiles o metal líquido explosivo. Los compensadores de aceleración proyectan efectos de gravedad modificados adecuadamente dentro de una nave para proteger a pilotos y pasajeros de la contundente aceleración subluz.

Los elevadores de repulsión

Estos dispositivos antigravitatorios de bajo mantenimiento son muy habituales; permiten levitar a los landspeeders y guiar a las naves espaciales en los despegues verticales y aterrizajes. Incluso pueden incorporarse a androides flotantes, aunque en ese caso los sistemas de energía en miniatura son tan caros que sólo los utiliza el Imperio. Los airspeeders y demás naves de tierra con elevadores de repulsión pueden alcanzar altitudes muy limitadas: la mayoría de los speeders sólo se eleva 2,5 metros para mantenerse en el aire. Los elevadores de repulsión de nivel de vuelo pueden llevar a un vehículo hasta altitudes suborbitales, pero sólo las auténticas naves espaciales disponen de estos potentes dispositivos.

Los hiperpropulsores

Los hiperpropulsores, que utilizan un efecto energético en lugar de las emisiones de materia de los motores subluz, se construyen con muchas configuraciones que destacan la potencia, la fiabilidad o el ahorro de energía... Ningún motor puede ofrecer todas las ventajas al mismo tiempo. Los múltiples componentes de un sistema de hiperpropulsión pueden situarse en una misma zona o en diversas partes de la nave para facilitar el acceso de mantenimiento. La navegación por el hiperespacio requiere cálculos de extrema complejidad. Los pilotos más atrevidos pueden forzar esos cálculos y traspasar los márgenes de seguridad, lo que implica acercarse peligrosamente a las «sombras de masa» de cuerpos del espacio real, como hizo Han Solo cuando consiguió su famosa marca en la carrera de Kessel a una velocidad increíble.

LA NAVE ANTIBLOQUEO

LA PRINCESA LEIA Organa de Alderaan viaja por toda la galaxia a bordo de la nave consular *Tantive IV* para negociar acuerdos de paz y llevar ayuda a las poblaciones en peligro. La nave de Leia es una corbeta corelliana, una embarcación antigua y hecha a mano que se observa por toda la galaxia y es conocida por su versatilidad. Bajo la tapadera de la inmunidad diplomática, la princesa y senadora utiliza la nave, con el valiente y leal capitán Antilles al mando, en misiones de espionaje contra el Imperio y también para establecer comunicaciones secretas para la Alianza rebelde. Debido a sus misiones, el *Tantive IV* se mueve tanto por zonas de guerra como por entornos de la más alta diplomacia, por lo que su blindaje añadido es tan vital como su antigua sala de conferencias de Estado. Con esta robusta nave, la joven princesa ha pasado por muchas aventuras peligrosas, pero con la aparición de Darth Vader el *Tantive IV* acaba siendo superado y capturado.

LAS CÁPSULAS DE ESCAPE

Las cápsulas de escape de las naves espaciales van desde cajas parecidas a ataúdes hasta lanchas salvavidas de gran tamaño, que son en la práctica pequeñas embarcaciones. La nave antibloqueo cuenta con ocho pequeñas cápsulas de escape con capacidad para tres personas y con cuatro cápsulas más armadas con láseres en las que caben doce personas. Estas lanchas salvavidas, más complejas que las cápsulas de menor tamaño, tienen un alcance muy limitado. Ninguno de los sistemas de escape del *Tantive IV* pudo salvar a su tripulación de los disparos del *Devastador*.

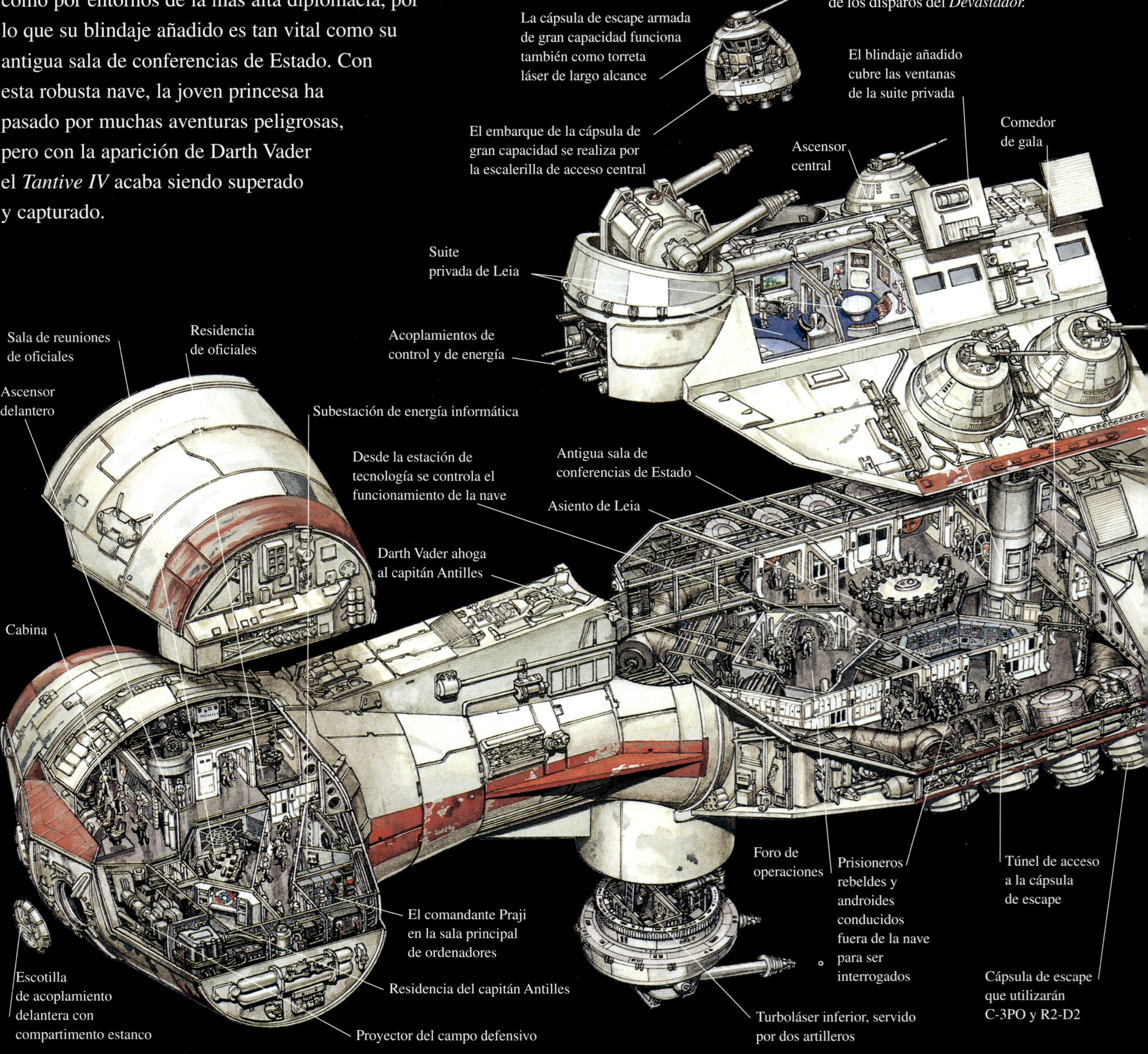

La cápsula de escape armada de gran capacidad funciona también como torreta láser de largo alcance

El blindaje añadido cubre las ventanas de la suite privada

El embarque de la cápsula de gran capacidad se realiza por la escalerilla de acceso central

Ascensor central

Comedor de gala

Suite privada de Leia

Acoplamientos de control y de energía

Sala de reuniones de oficiales

Residencia de oficiales

Ascensor delantero

Subestación de energía informática

Desde la estación de tecnología se controla el funcionamiento de la nave

Antigua sala de conferencias de Estado

Asiento de Leia

Darth Vader ahoga al capitán Antilles

Cabina

Foro de operaciones

Prisioneros rebeldes y androides conducidos fuera de la nave para ser interrogados

Túnel de acceso a la cápsula de escape

El comandante Praji en la sala principal de ordenadores

Escotilla de acoplamiento delantera con compartimento estanco

Residencia del capitán Antilles

Proyector del campo defensivo

Turboláser inferior, servido por dos artilleros

Cápsula de escape que utilizarán C-3PO y R2-D2

La huida de R2 y 3PO

La pequeña cápsula utilizada por R2-D2 y C-3PO contiene el equipo mínimo: unos motores de cohete sencillos la propulsan cuando sale expelida de la nave y la alejan del peligro gracias a una tecnología básica que no se ve afectada por las interferencias magnéticas o eléctricas. Un anillo de gravedad situado bajo el asiento ayuda a mantener la seguridad de los pasajeros y amortigua el golpe del aterrizaje mediante la proyección de un campo antigravitorio. Sólo se construye una abertura: una reducida ventana que sirve para ver el entorno de la zona de aterrizaje antes de salir de la cápsula. Las cámaras longitudinales envían imágenes a un monitor interior, y así se puede escapar del peligro y encontrar un punto de aterrizaje adecuado.

Los símbolos de a bordo

Los componentes de los sistemas de funcionamiento de la corbeta están codificados con símbolos como éstos por motivos de identificación y de mantenimiento.

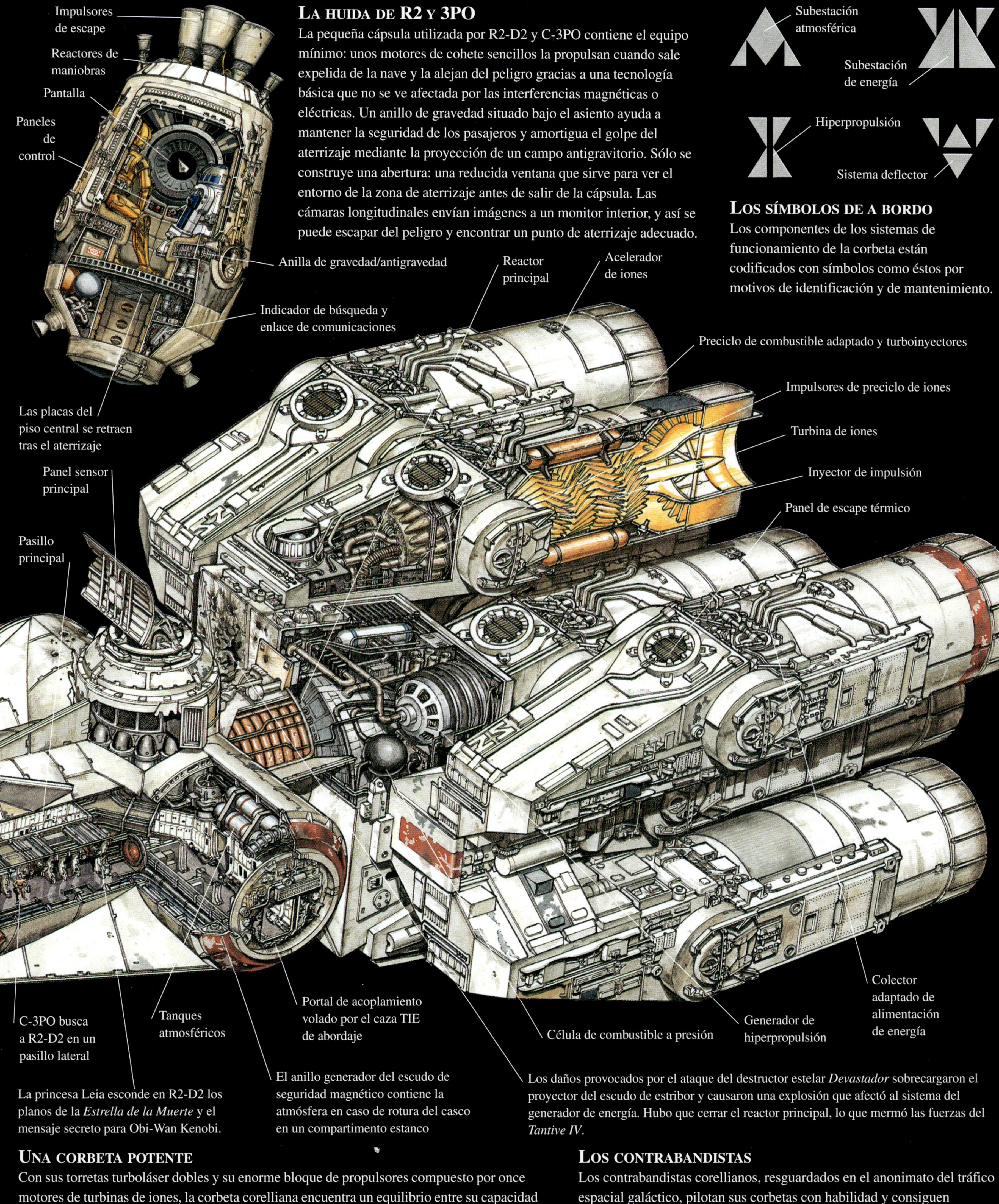

Impulsores de escape
Reactores de maniobras
Pantalla
Paneles de control
Anilla de gravedad/antigravedad
Indicador de búsqueda y enlace de comunicaciones
Las placas del piso central se retraen tras el aterrizaje
Subestación atmosférica
Subestación de energía
Hiperpropulsión
Sistema deflector
Reactor principal
Acelerador de iones
Preciclo de combustible adaptado y turboinyectores
Impulsores de preciclo de iones
Turbina de iones
Inyector de impulsión
Panel de escape térmico
Panel sensor principal
Pasillo principal
Colector adaptado de alimentación de energía
Generador de hiperpropulsión
Célula de combustible a presión
Portal de acoplamiento volado por el caza TIE de abordaje
Tanques atmosféricos
C-3PO busca a R2-D2 en un pasillo lateral
La princesa Leia esconde en R2-D2 los planos de la *Estrella de la Muerte* y el mensaje secreto para Obi-Wan Kenobi.
El anillo generador del escudo de seguridad magnético contiene la atmósfera en caso de rotura del casco en un compartimento estanco
Los daños provocados por el ataque del destructor estelar *Devastador* sobrecargaron el proyector del escudo de estribor y causaron una explosión que afectó al sistema del generador de energía. Hubo que cerrar el reactor principal, lo que mermó las fuerzas del *Tantive IV*.

Una corbeta potente

Con sus torretas turboláser dobles y su enorme bloque de propulsores compuesto por once motores de turbinas de iones, la corbeta corelliana encuentra un equilibrio entre su capacidad de defensa además de una alta proporción potencia/masa; es decir, cuando no puede abatir algo a disparos, logra huir de él. Estas naves se han adaptado a muchos usos, desde carga de mercancías hasta transporte de pasajeros, pasando por aplicaciones científicas y militares, pero son célebres por sus viajes de contrabando con pilotos corellianos.

Los contrabandistas

Los contrabandistas corellianos, resguardados en el anonimato del tráfico espacial galáctico, pilotan sus corbetas con habilidad y consiguen atravesar las zonas de seguridad imperiales sin pagar impuestos (y sin ser arrestados por comerciar con armas y mercancías ilegales). Son difíciles de descubrir, y los oficiales imperiales, muy contrariados, han puesto a estos modelos el sobrenombre de «naves antibloqueo».

La evolución del destructor estelar

El destructor estelar de la clase Victoria fue el acorazado pacificador más moderno de los últimos años de la Antigua República. Bajo el dominio del Emperador, ha sido sustituido por los nuevos destructores estelares de la clase Imperial, que superan a sus predecesores, ya que tienen mil seiscientos metros de longitud. El *Devastador*, el destructor estelar de Darth Vader, con el que capturó al *Tantive IV*, era de la clase Imperial I. Las naves de la clase II componían la flota que capturó la base rebelde de Hoth. Lord Vader dirigió ese ataque desde el *Ejecutor*, el primero de los superdestructores estelares, que supera en más de ocho veces el tamaño de las naves de la clase Imperial.

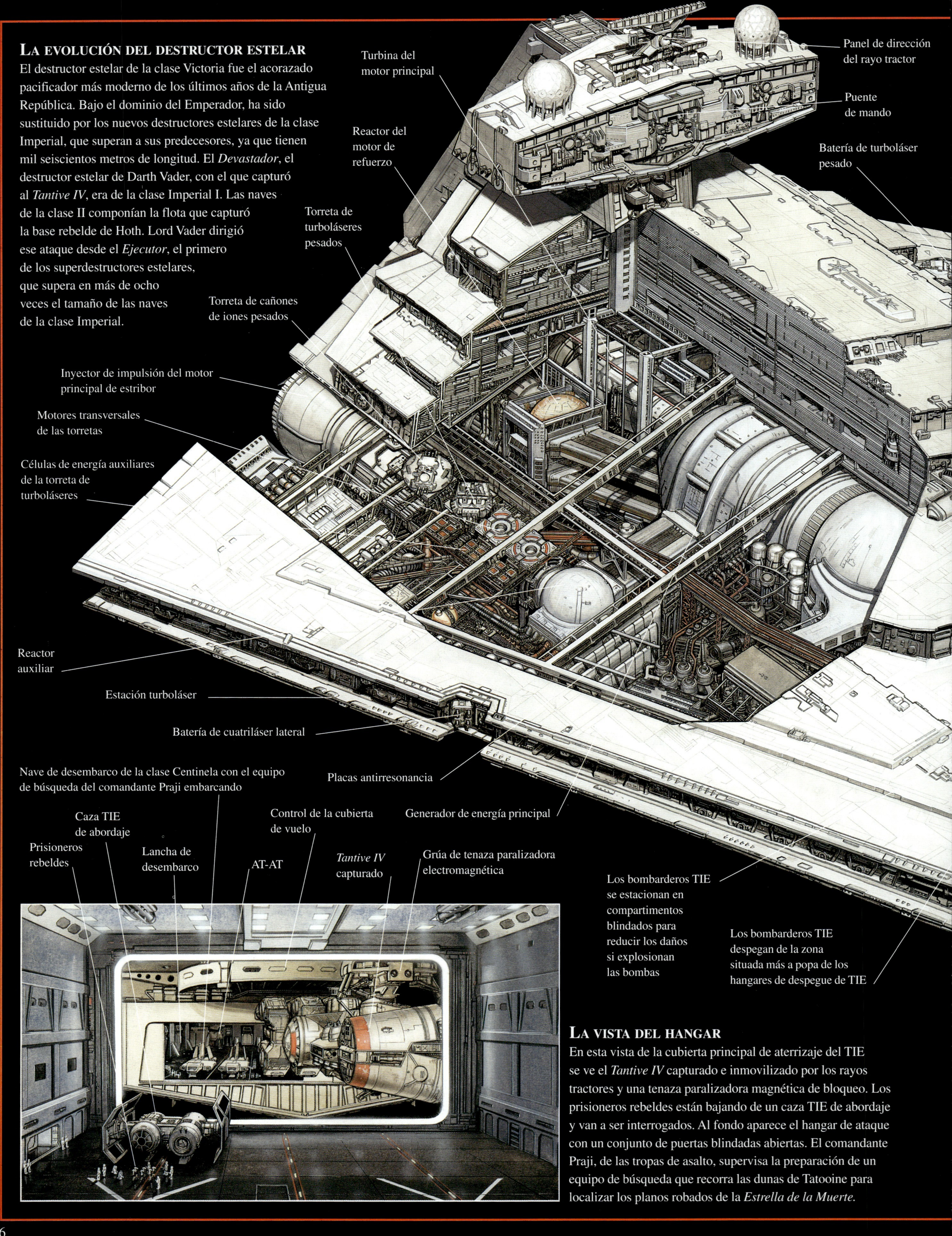

Turbina del motor principal
Panel de dirección del rayo tractor
Puente de mando
Reactor del motor de refuerzo
Batería de turboláser pesado
Torreta de turboláseres pesados
Torreta de cañones de iones pesados
Inyector de impulsión del motor principal de estribor
Motores transversales de las torretas
Células de energía auxiliares de la torreta de turboláseres
Reactor auxiliar
Estación turboláser
Batería de cuatriláser lateral
Nave de desembarco de la clase Centinela con el equipo de búsqueda del comandante Praji embarcando
Placas antirresonancia
Caza TIE de abordaje
Prisioneros rebeldes
Lancha de desembarco
AT-AT
Control de la cubierta de vuelo
Tantive IV capturado
Grúa de tenaza paralizadora electromagnética
Generador de energía principal
Los bombarderos TIE se estacionan en compartimentos blindados para reducir los daños si explosionan las bombas
Los bombarderos TIE despegan de la zona situada más a popa de los hangares de despegue de TIE

La vista del hangar

En esta vista de la cubierta principal de aterrizaje del TIE se ve el *Tantive IV* capturado e inmovilizado por los rayos tractores y una tenaza paralizadora magnética de bloqueo. Los prisioneros rebeldes están bajando de un caza TIE de abordaje y van a ser interrogados. Al fondo aparece el hangar de ataque con un conjunto de puertas blindadas abiertas. El comandante Praji, de las tropas de asalto, supervisa la preparación de un equipo de búsqueda que recorra las dunas de Tatooine para localizar los planos robados de la *Estrella de la Muerte*.

El caza TIE

La uniformidad

Un piloto de TIE no utiliza el mismo caza dos veces para no tener vínculos sentimentales con las naves, al contrario de lo que hacen los rebeldes. Los pilotos de TIE saben que todos los cazas reacondicionados son idénticos a los que acaban de salir de la fábrica: cada unidad es igual que otros miles de naves, y esto refuerza una vez más la filosofía imperial de uniformidad absoluta.

Los cazas TIE, que se precipitan por el espacio como rayos, son el más visible estandarte del enorme alcance de la fuerza del Imperio. El motor de un caza TIE es el sistema de propulsión de mayor precisión de toda la galaxia. La ionización solar recoge la energía lumínica y la canaliza por medio de un reactor para lanzar emisiones de un gas radiactivo de alta presión. El motor no tiene partes móviles, así el mantenimiento es bajo. Para reducir su masa, los cazas TIE se construyen sin escudos defensivos, sin hiperpropulsión y sin sistemas de soporte vital, por eso los pilotos deben llevar trajes espaciales. Estas naves ligeras ganan velocidad y maniobrabilidad a costa de su fragilidad y de su dependencia de bases imperiales cercanas o de naves de mayor tamaño.

Colectores de energía solar

Marco de soporte del panel solar

Conductos del acumulador de energía

Matriz de intercambio de calor

Bobinas de recolección de energía de fase dos

Escotilla de acceso a la cabina

Mirador principal

Piloto con traje espacial

Conductos de energía

Conducto de energía

Conducto de combustible

Punta de láser de baja temperatura

Depósito de combustible de gas radiactivo de alta presión

Tapa del depósito de combustible

Control de la parrilla de energía

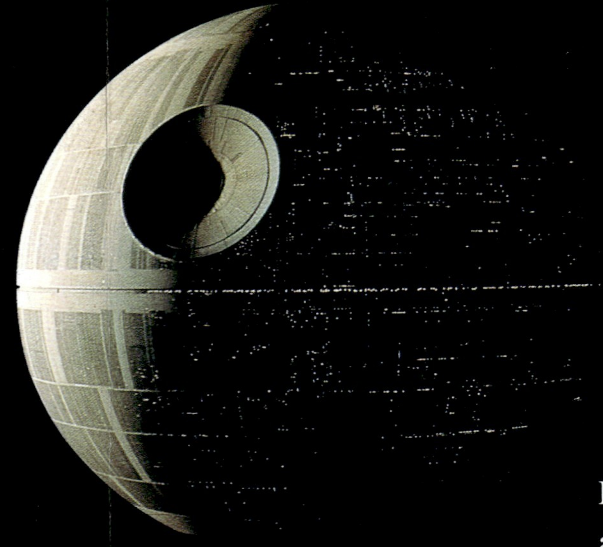

La *Estrella de la Muerte*

La gigantesca estación de batalla imperial cuyo nombre en código es *Estrella de la Muerte* mide ciento setenta kilómetros de diámetro, lo bastante como para ser confundida con un satélite de poco tamaño. Esta superarma colosal fue ideada por el gran moff Tarkin para imponer por el terror el dominio del Emperador, ya que representa tanto el símbolo como la realidad del poder destructivo absoluto. La *Estrella de la Muerte*, donde se aplican los descubrimientos más avanzados en superingeniería del Imperio, está construida en torno a un reactor de hipermateria capaz de generar la potencia suficiente para destruir todo un planeta. La vasta estructura de la estación de batalla, construida por esclavos y máquinas titánicas, acoge a millones de soldados y a miles de naves armadas, y gracias a ello puede ocupar por la fuerza sistemas estelares completos. Los artilleros y las tropas de elite manejan las armas de la *Estrella de la Muerte*; ésta, una vez en marcha, representa un espeluznante espectro de dominación totalitaria y amenaza con extinguir toda esperanza de libertad en la galaxia.

Una debilidad decisiva

Las fuertes defensas de la *Estrella de la Muerte* tienen un fallo fatídico: pequeñas aberturas de salida térmica por las que se puede acceder desde la superficie hasta el corazón del reactor principal.

Abertura de salida térmica principal

El conducto de salida térmica atraviesa la columna de energía central

Zanja ecuatorial

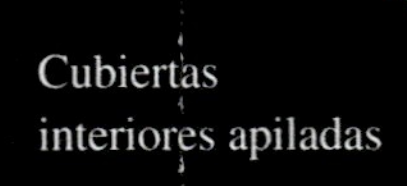

Cubiertas interiores apiladas

Cubiertas de superficie concéntricas

Los planos robados

Los espías rebeldes robaron un plano técnico completo de la estación de batalla (izquierda) de la *Estrella de la Muerte* que revela su potencia y detalla sus sistemas armamentísticos y sus estructuras de energía. Motores de iones, hiperpropulsores y hangares rodean la zanja ecuatorial de la estación, mientras que células energéticas de más de quince kilómetros de ancho alimentan las miles de cubiertas internas. El interior se compone de conductos de aire y espacios vacíos. El eje polar está ocupado por la columna de energía central, con el reactor de hipermateria en su núcleo.

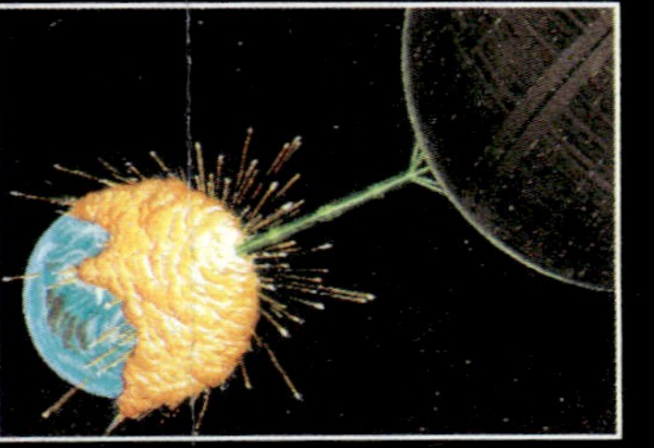

La destrucción de Alderaan

Sin duda, el gran moff Tarkin ordena la destrucción del planeta de Alderaan como demostración de la potencia de la *Estrella de la Muerte.* El superláser se precipita sobre el planeta verde azulado y debido a esa horrenda acción son aniquiladas miles de millones de personas.

Los conductos de rayos superláser afluentes

Ocho rayos afluentes se unen para formar el rayo superláser principal. Estos rayos están distribuidos alrededor del campo de enfoque central invisible y disparan en una secuencia alternativa con el fin de reunir la energía necesaria para destruir un planeta. La energía titánica de esos rayos precisa un control para evitar explosiones por descompensación.

El bloque de detención AA-23

Un plan desesperado lleva a Luke, Han y Chewbacca al peligro al intentar rescatar a la princesa Leia. Disfrazados de soldados de asalto, Luke y Han escoltan a Chewbacca, su «prisionero», hasta el bloque de detención en el que se encuentra Leia. El supervisor sospecha algo y sólo una actuación inmediata salvará a los rebeldes.

El compresor de basuras 32-6-3827

Tras escapar del bloque de celdas de Leia, los rebeldes se dejan caer por un tubo de desperdicios y aterrizan en un compresor de basuras, donde se recogen restos de todo tipo para procesarlos y soltarlos en el espacio.

Los conductos de aire

En toda la *Estrella de la Muerte* hay vastos conductos de aire cruzados por puentes extensibles que conectan los pasillos. Cuando Luke y Leia se encuentran atrapados en uno de estos conductos de aire, consiguen atravesarlo gracias a su rapidez de acción y a su valentía.

El empalme primero del reactor del rayo tractor

El rayo tractor de la *Estrella de la Muerte* se une al reactor principal por siete puntos, que son terminales de potencia situados sobre torres de treinta y cinco kilómetros de altura. El aire se tensa con la electricidad de alto voltaje en todo el conducto que rodea a la torre. Aquí es donde Ben Kenobi desactiva uno de los rayos de potencia, lo que permite huir al *Halcón Milenario.*

Los desafíos y sacrificios

Darth Vader siente la presencia de su antiguo maestro jedi, Obi-Wan Kenobi, a bordo de la *Estrella de la Muerte* y se enfrenta a él a solas en un mortal duelo de espadas de luz. Kenobi se sacrifica para ayudar a escapar a sus jóvenes amigos, abandonándose a Vader en una victoria trivial en la que, de forma misteriosa, Obi-Wan se fusiona con la Fuerza.

Indicador de navegación
Ventana de la sala de control
Ventanas de supervisión de la entrada
Torreta de turboláseres
Ben Kenobi y Darth Vader
Marca de alineación para el aterrizaje

La cubierta de aterrizaje 3207

El *Halcón Milenario*, arrastrado por un rayo tractor, entra y se detiene en un hangar presurizado del interior de la zanja ecuatorial de la *Estrella de la Muerte*. Los escudos magnéticos situados sobre la entrada retienen la atmósfera. Los alimentadores de energía externos se conectan a la nave recién llegada para apagar los reactores mientras esté en el hangar.

Redes de proceso energético

Unidad de proceso atmosférico

Reactor de propulsión de iones

Subestación de proceso atmosférico

Cubierta de aterrizaje ecuatorial

Motores subluz de iones

DESTRUCTOR ESTELAR

ES TODO UN símbolo del poder militar del Imperio, que conduce a las fuerzas de asalto y llega a alcanzar una potencia devastadora en cualquier punto de la galaxia. Un destructor estelar es capaz de dominar con facilidad a la mayoría de naves, someterlas con la fuerza de las armas y arrastrarlas hasta su hangar principal mediante rayos tractores. Los destructores de la clase Imperial tienen mil seiscientos metros de longitud, están cargados con turboláseres y cañones de iones y equipados con ocho torretas gigantes que componen las estaciones armadas. Los destructores estelares llevan a bordo nueve mil setecientos soldados de asalto y toda una flotilla de setenta y dos naves TIE (compuestas por cuarenta y ocho cazas, doce bombarderos y doce cazas de abordaje), así como diversas naves de ataque y de desembarco. El asalto a los grandes mundos industrializados se realiza con una flota de seis destructores estelares que atacan con la ayuda de cruceros y naves de suministros. Dicha fuerza puede acabar con cualquier defensa y ocupar o destruir ciudades y colonias.

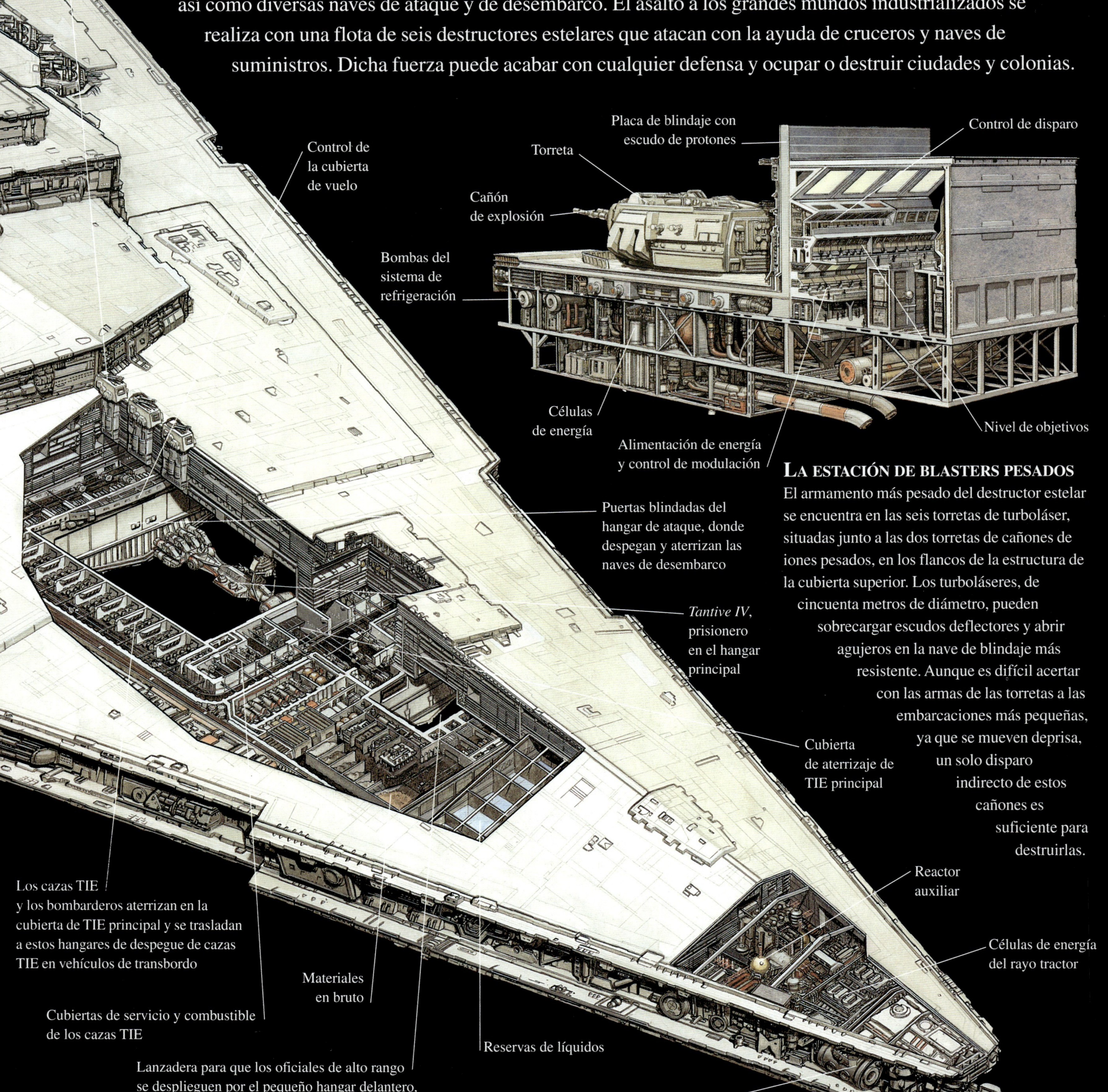

Torreta de defensa axial
Control de la cubierta de vuelo
Placa de blindaje con escudo de protones
Torreta
Control de disparo
Cañón de explosión
Bombas del sistema de refrigeración
Células de energía
Alimentación de energía y control de modulación
Nivel de objetivos
Puertas blindadas del hangar de ataque, donde despegan y aterrizan las naves de desembarco
Tantive IV, prisionero en el hangar principal
Cubierta de aterrizaje de TIE principal
Reactor auxiliar
Células de energía del rayo tractor
Los cazas TIE y los bombarderos aterrizan en la cubierta de TIE principal y se trasladan a estos hangares de despegue de cazas TIE en vehículos de transbordo
Materiales en bruto
Cubiertas de servicio y combustible de los cazas TIE
Reservas de líquidos
Lanzadera para que los oficiales de alto rango se desplieguen por el pequeño hangar delantero, que también sirve de apoyo al principal
Rayos tractores de persecución

LA ESTACIÓN DE BLASTERS PESADOS

El armamento más pesado del destructor estelar se encuentra en las seis torretas de turboláser, situadas junto a las dos torretas de cañones de iones pesados, en los flancos de la estructura de la cubierta superior. Los turboláseres, de cincuenta metros de diámetro, pueden sobrecargar escudos deflectores y abrir agujeros en la nave de blindaje más resistente. Aunque es difícil acertar con las armas de las torretas a las embarcaciones más pequeñas, ya que se mueven deprisa, un solo disparo indirecto de estos cañones es suficiente para destruirlas.

Los tipos de misiones de TIE

Los cazas TIE se despliegan en misiones de diversos tipos. La función principal que desempeñan es la de cazas de superioridad espacial, para enfrentarse a naves rebeldes y para defender las bases imperiales y las naves principales. Los TIE de reconocimiento vuelan en solitario para cubrir amplias zonas del espacio, como ocurre en el caso del enorme campo de asteroides originado por la explosión del planeta Alderaan. Las naves de escolta vuelan de dos en dos, y protegen todos los vuelos que realiza la lanzadera del Emperador. Los grupos de guardia normales de cuatro cazas TIE patrullan el espacio que rodea las bases, estaciones y naves principales del Imperio. Un escuadrón de ataque de cazas TIE cuenta con doce naves, y una flotilla de ataque completa se forma por seis escuadrones o setenta y dos cazas.

Las variantes de TIE

La estructura básica de los cazas TIE ha dado tan buenos resultados que todas las variantes usan la misma estructura general. En el TIE avanzado X1 (arriba, en el centro) se han añadido escudos e hiperpropulsión. El temible TIE Interceptador (arriba, a la derecha) cuenta con una tracción de iones y un sistema electrónico mejorados, así como con proyectores de corriente de iones avanzados que garantizan un control excepcional.

Pinza de retención
Caza TIE en despegue
TIE preparado para el despegue
Torre de embarque de los pilotos
Túnel de traslado
Piloto embarcando
TIE que llega de un hangar de aterrizaje
Androide de mantenimiento
Sala de control del hangar
Pozo ascensor
Torre de mantenimiento

Los hangares de TIE

Los TIE despegan con la ayuda de soportes giratorios que acogen hasta setenta y dos cazas en los hangares de mayor tamaño, mientras que los más reducidos contienen tan sólo dos cazas. Los pilotos entran en ellos desde torres elevadas y salen al espacio cuando se sueltan de la primera posición del soporte. Al regresar, los cazas aterrizan en otros hangares, en los que unos rayos tractores los conducen hasta receptores-portanaves y desde allí se transportan a una estación de desembarco donde el piloto sale de la nave. Después, el TIE pasa a mantenimiento y recarga combustible en una cubierta distinta, de camino hacia los túneles de traslado que llevan a un hangar de despegue; allí, el caza queda colocado en el soporte giratorio, listo para su próxima misión.

La psicología de los pilotos

Los cazas TIE no tienen sistema de aterrizaje, y ésta es una medida pensada para reducir la masa y conseguir la máxima maniobrabilidad. Aunque estructuralmente las naves pueden posarse sobre las alas, no están diseñadas para aterrizar o desembarcar a los pilotos sin ayuda, lo que enseña a estos pilotos a depender totalmente de una autoridad superior.

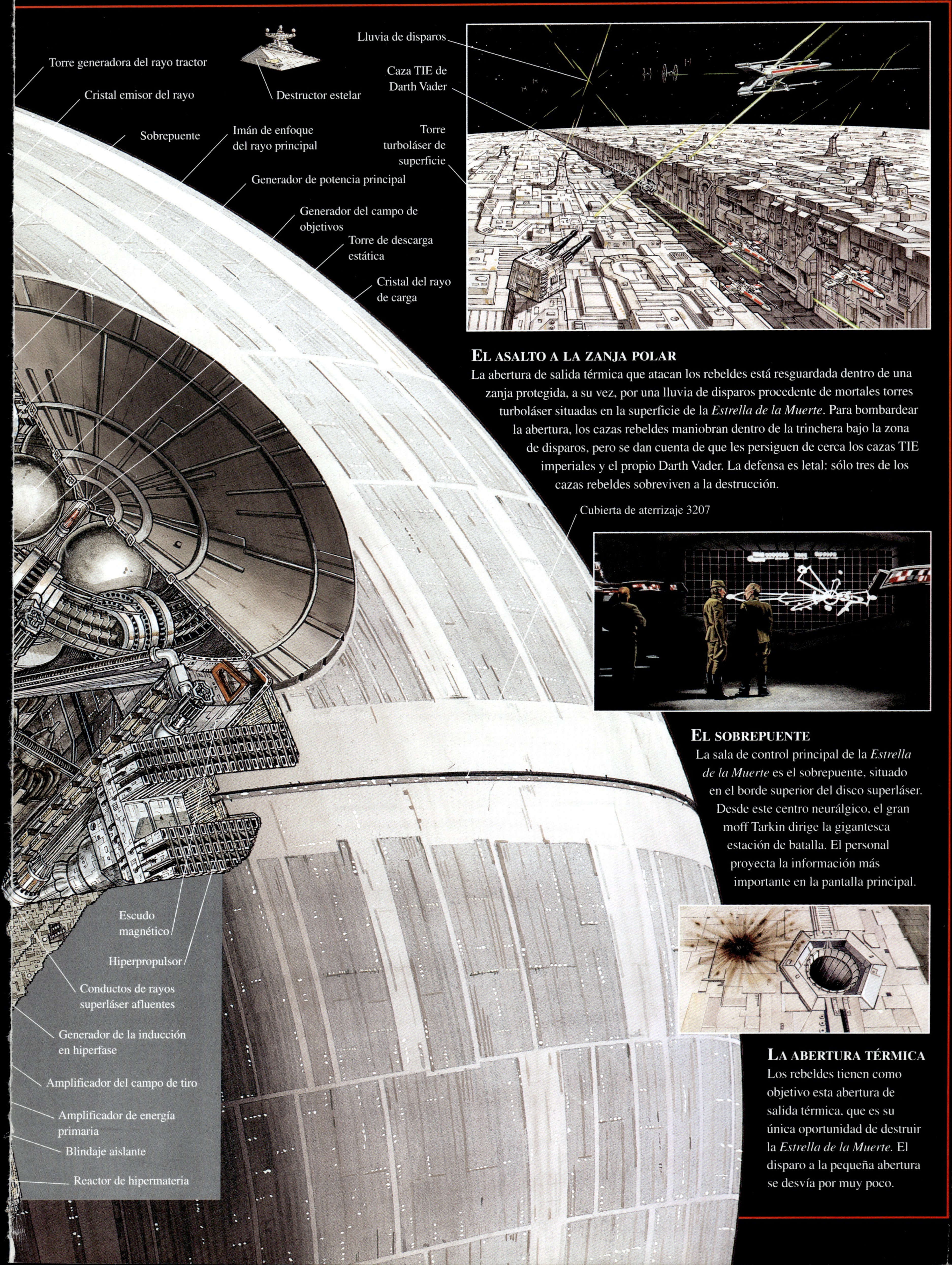
Torre generadora del rayo tractor
Cristal emisor del rayo
Destructor estelar
Lluvia de disparos
Caza TIE de Darth Vader
Sobrepuente
Imán de enfoque del rayo principal
Torre turboláser de superficie
Generador de potencia principal
Generador del campo de objetivos
Torre de descarga estática
Cristal del rayo de carga
Cubierta de aterrizaje 3207
Escudo magnético
Hiperpropulsor
Conductos de rayos superláser afluentes
Generador de la inducción en hiperfase
Amplificador del campo de tiro
Amplificador de energía primaria
Blindaje aislante
Reactor de hipermateria

El asalto a la zanja polar

La abertura de salida térmica que atacan los rebeldes está resguardada dentro de una zanja protegida, a su vez, por una lluvia de disparos procedente de mortales torres turboláser situadas en la superficie de la *Estrella de la Muerte*. Para bombardear la abertura, los cazas rebeldes maniobran dentro de la trinchera bajo la zona de disparos, pero se dan cuenta de que les persiguen de cerca los cazas TIE imperiales y el propio Darth Vader. La defensa es letal: sólo tres de los cazas rebeldes sobreviven a la destrucción.

El sobrepuente

La sala de control principal de la *Estrella de la Muerte* es el sobrepuente, situado en el borde superior del disco superláser. Desde este centro neurálgico, el gran moff Tarkin dirige la gigantesca estación de batalla. El personal proyecta la información más importante en la pantalla principal.

La abertura térmica

Los rebeldes tienen como objetivo esta abertura de salida térmica, que es su única oportunidad de destruir la *Estrella de la Muerte*. El disparo a la pequeña abertura se desvía por muy poco.

Empalme de energía del rayo
tractor desactivado por Ben Kenobi
Conducto de escape
(objetivo rebelde)
Conversores de energía
secundarios
Estructura de superficies
concéntricas
Célula
de energía

El tractor de arena

El tractor de arena jawa, recuerdo titánico de una remota época de minería ya olvidada, recorre los desiertos y yermos de Tatooine en busca de restos metálicos y de minerales. El vehículo, en el que vive todo un clan de jawas, hace rondas por un amplio territorio durante todo un año para localizar los desperdicios que van apareciendo en la superficie del planeta, procedentes de accidentes de naves espaciales de hace varios siglos. Los jawas también recogen androides perdidos, vehículos desguazados y el metal abandonado de cualquier tipo de asentamientos y granjas de humedad. Corroídos y oxidados por las innumerables tormentas de arena, los tractores sirven a los jawas de medio de transporte, de taller, de comercio ambulante y de protección frente a las amenazas de los moradores de las arenas y los monstruos del desierto.

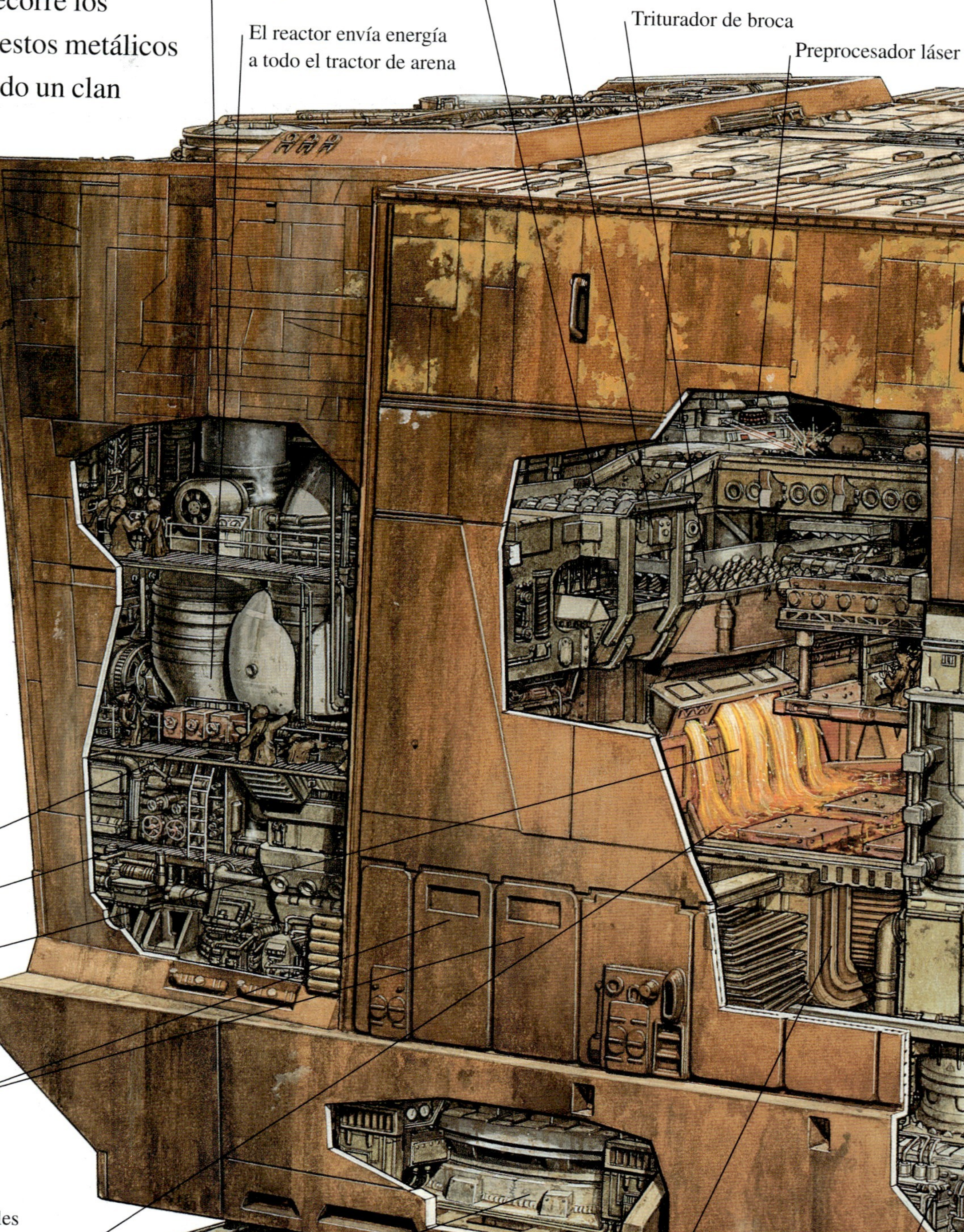

Cinta transportadora en la parte superior del ascensor
Generadores de energía
Triturador de minerales
Los demoledores reforzados trituran minerales o comprimen metal para almacenarlo
Triturador de broca
El reactor envía energía a todo el tractor de arena
Preprocesador láser
Estación de ingeniería
Pasaje de mantenimiento
El reactor funde el mineral y el metal en una cascada muy caliente
Células de energía
Se estiran lingotes a partir de los niveles inferiores purificados de los pozos de escoria
Propulsor principal
Cadenas «oruga» traseras sin tracción, sólo para conducir
Los repulsores electrostáticos impiden la entrada de arena en el interior
Panel calorífico de vapor
Estimulador del tubo elevador de repulsión
Escalerilla extensible de acceso
Tubo elevador de repulsión extensible

Las reparaciones de los jawas

Los jawas son expertos en aprovechar los componentes de que disponen para reparar maquinaria; pueden construir un androide operativo a partir de la chatarra más variada e insospechada. Sin embargo, son conocidos por la venta ambulante de productos de escasa calidad que funcionan hasta que el tractor de arena desaparece en el horizonte.

Unos hallazgos peligrosos

Los fuertes vientos de la temporada de tormentas de Tatooine dejan al descubierto antiguos restos de accidentes en las arenas del Mar de Dunas. Los tractores de arena jawas se adentran en territorios remotos en busca de hallazgos recién expuestos a la luz. Si el descubrimiento es grande, avisan a otros tractores-clan para compartir el procesado. En seguida se alzan fábricas de fundición y toldos para protegerse del sol, y los jawas trabajan sin cesar antes de la llegada de la siguiente tormenta. Pero los desiertos pueden albergar peligros más inesperados que las tormentas.

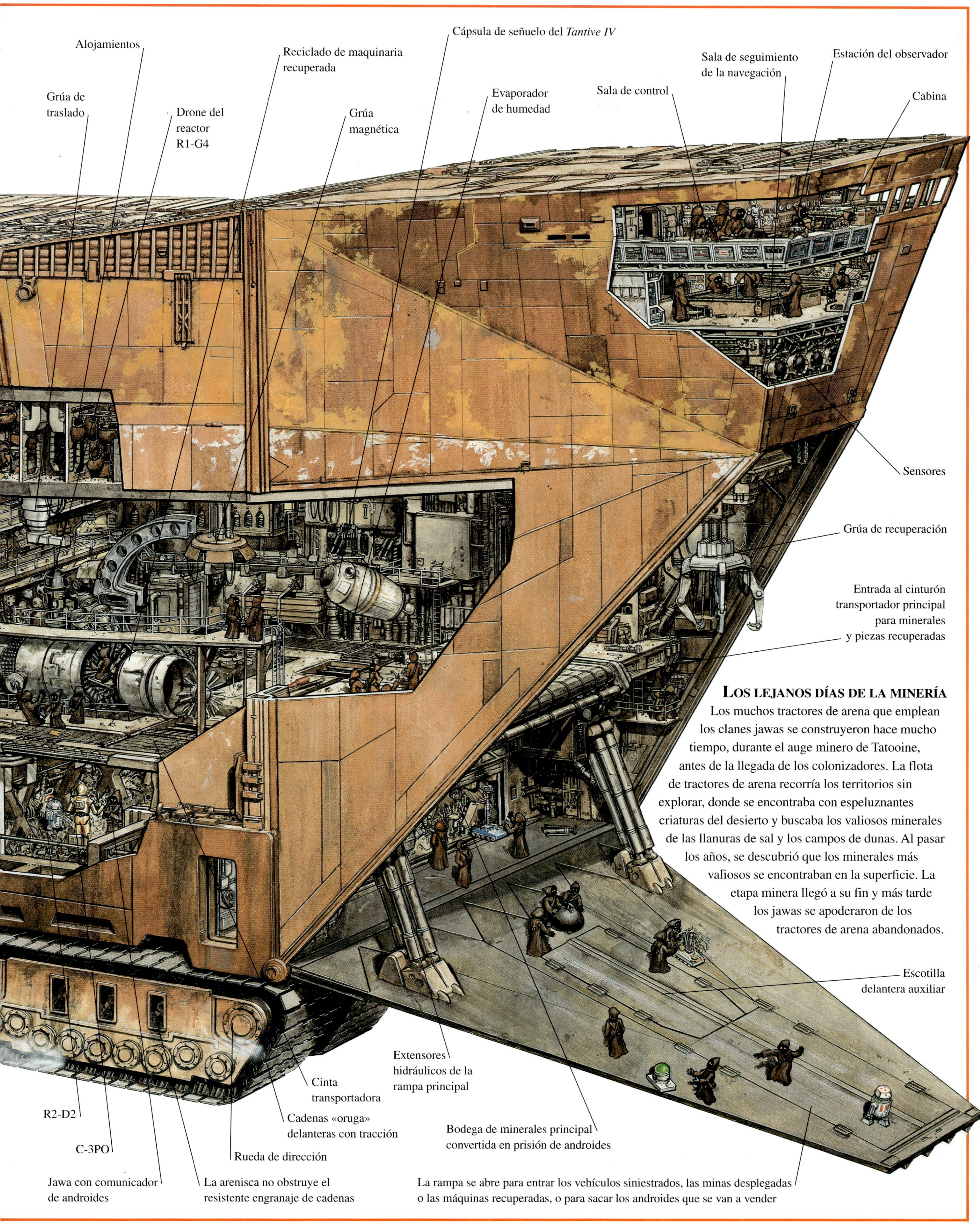
Alojamientos
Reciclado de maquinaria recuperada
Cápsula de señuelo del *Tantive IV*
Sala de seguimiento de la navegación
Estación del observador
Grúa de traslado
Drone del reactor R1-G4
Grúa magnética
Evaporador de humedad
Sala de control
Cabina
Sensores
Grúa de recuperación
Entrada al cinturón transportador principal para minerales y piezas recuperadas
Escotilla delantera auxiliar
Extensores hidráulicos de la rampa principal
Cinta transportadora
Cadenas «oruga» delanteras con tracción
Bodega de minerales principal convertida en prisión de androides
R2-D2
C-3PO
Rueda de dirección
Jawa con comunicador de androides
La arenisca no obstruye el resistente engranaje de cadenas
La rampa se abre para entrar los vehículos siniestrados, las minas desplegadas o las máquinas recuperadas, o para sacar los androides que se van a vender

Los lejanos días de la minería

Los muchos tractores de arena que emplean los clanes jawas se construyeron hace mucho tiempo, durante el auge minero de Tatooine, antes de la llegada de los colonizadores. La flota de tractores de arena recorría los territorios sin explorar, donde se encontraba con espeluznantes criaturas del desierto y buscaba los valiosos minerales de las llanuras de sal y los campos de dunas. Al pasar los años, se descubrió que los minerales más valiosos se encontraban en la superficie. La etapa minera llegó a su fin y más tarde los jawas se apoderaron de los tractores de arena abandonados.

EL *HALCÓN MILENARIO*

ABOLLADO, LLENO DE arañazos y muy modificado, el *Halcón Milenario* de Han Solo parece más un montón de chatarra que una de las naves espaciales más rápidas de la galaxia. Esta imponente embarcación pirata corelliana empezó siendo una nave de carga YT-1300 pero, al igual que muchos vehículos de este tipo, el *Halcón* ha sufrido importantes modificaciones a manos de capitanes contrabandistas. El tamaño de sus motores se ha doblado, sus defensas son armas destructivas pesadas de tipo militar, y, en todos los aspectos, es una nave de alto rendimiento y del mayor calibre. Sin embargo, las amplias modificaciones tienen un precio: el interminable mantenimiento. Han Solo se gana la vida haciendo contrabando de cualquier mercancía, desde armas hasta especias, superando bloqueos imperiales para conseguir beneficios al margen de las restrictivas leyes imperiales.

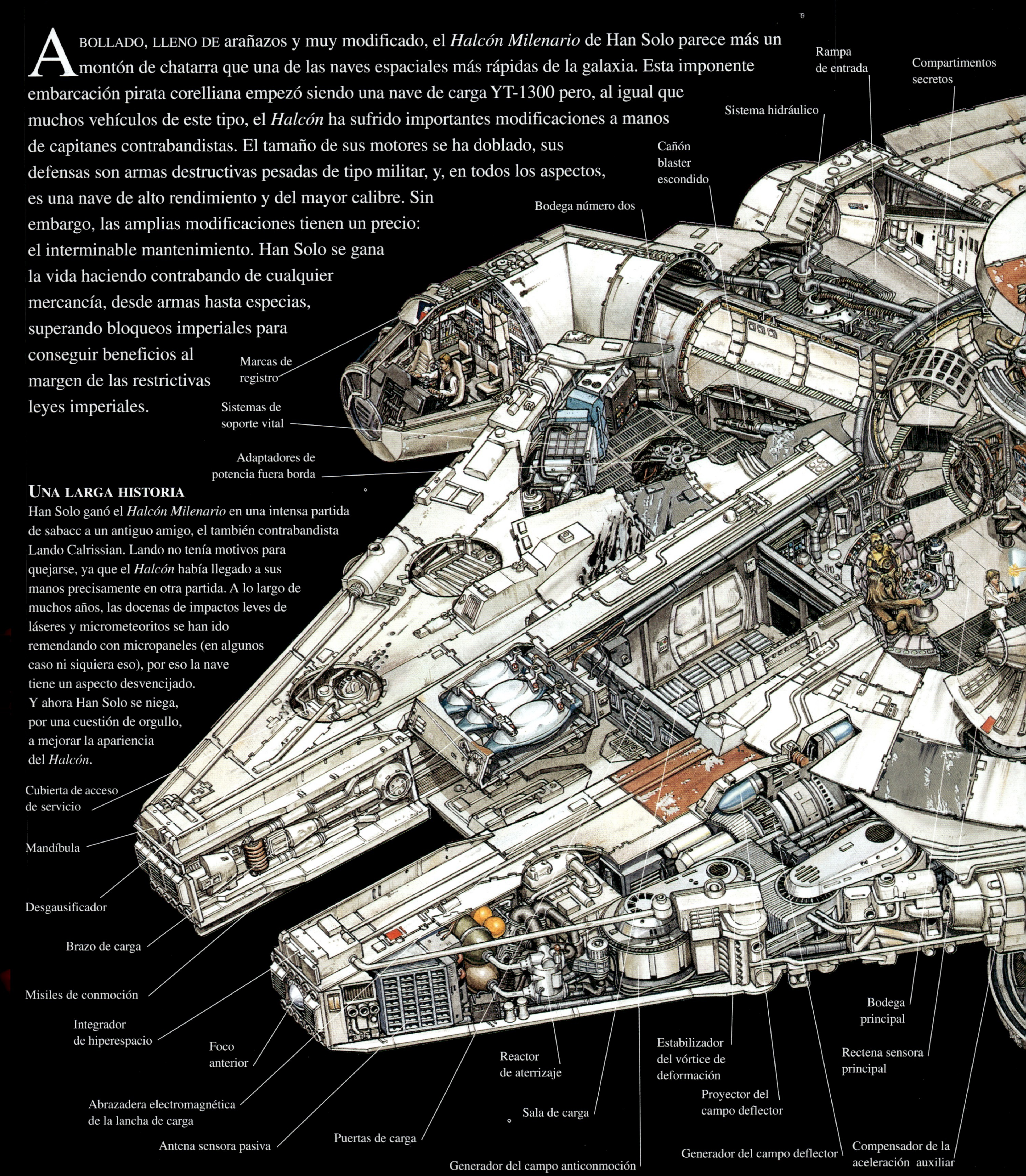
Rampa de entrada
Compartimentos secretos
Sistema hidráulico
Cañón blaster escondido
Bodega número dos
Marcas de registro
Sistemas de soporte vital
Adaptadores de potencia fuera borda
Cubierta de acceso de servicio
Mandíbula
Desgausificador
Brazo de carga
Misiles de conmoción
Integrador de hiperespacio
Foco anterior
Abrazadera electromagnética de la lancha de carga
Antena sensora pasiva
Puertas de carga
Reactor de aterrizaje
Sala de carga
Generador del campo anticonmoción
Estabilizador del vórtice de deformación
Proyector del campo deflector
Generador del campo deflector
Bodega principal
Rectena sensora principal
Compensador de la aceleración auxiliar

UNA LARGA HISTORIA

Han Solo ganó el *Halcón Milenario* en una intensa partida de sabacc a un antiguo amigo, el también contrabandista Lando Calrissian. Lando no tenía motivos para quejarse, ya que el *Halcón* había llegado a sus manos precisamente en otra partida. A lo largo de muchos años, las docenas de impactos leves de láseres y micrometeoritos se han ido remendando con micropaneles (en algunos caso ni siquiera eso), por eso la nave tiene un aspecto desvencijado. Y ahora Han Solo se niega, por una cuestión de orgullo, a mejorar la apariencia del *Halcón*.

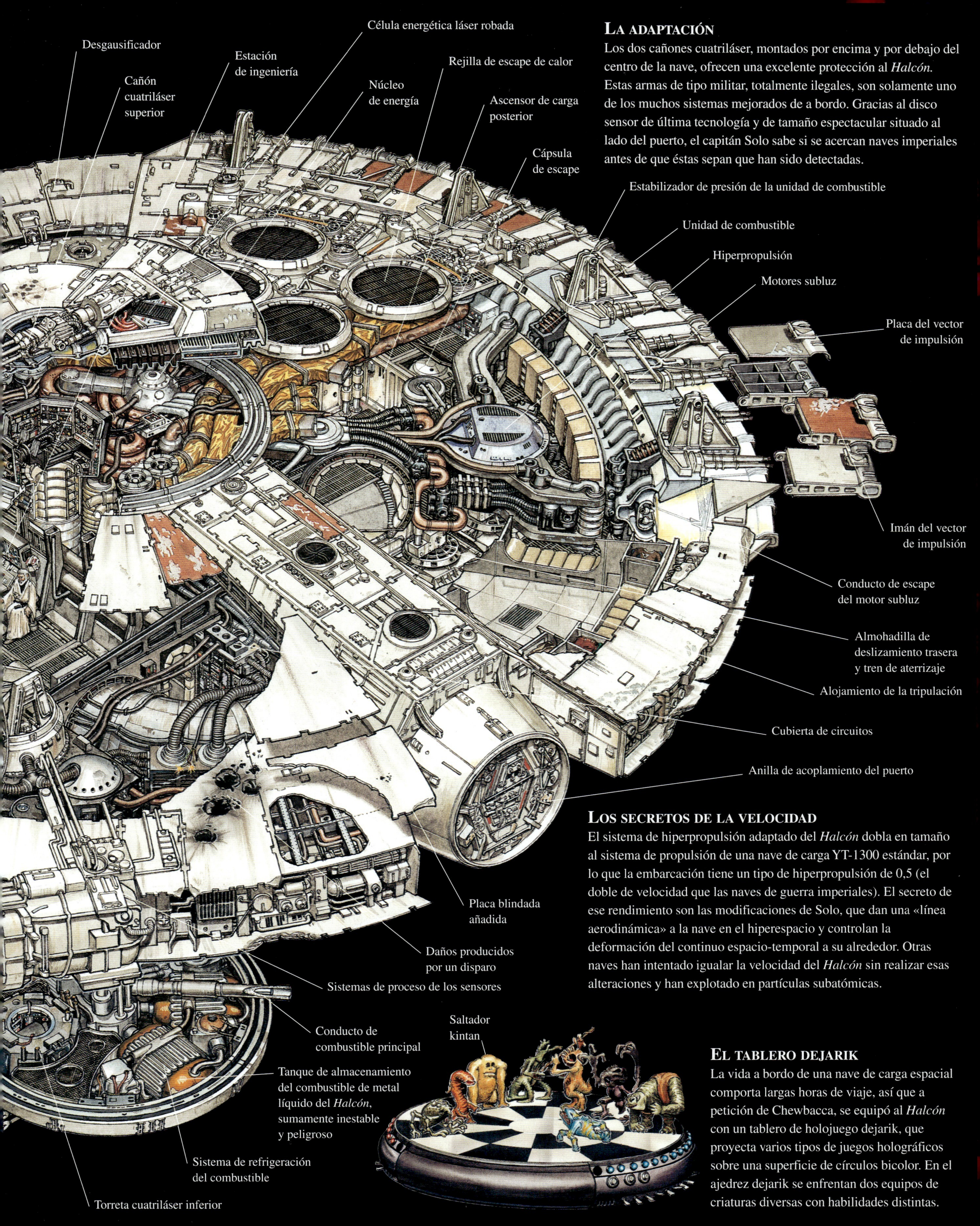
Desgausificador
Cañón cuatriláser superior
Estación de ingeniería
Célula energética láser robada
Núcleo de energía
Rejilla de escape de calor
Ascensor de carga posterior
Cápsula de escape
Estabilizador de presión de la unidad de combustible
Unidad de combustible
Hiperpropulsión
Motores subluz
Placa del vector de impulsión
Imán del vector de impulsión
Conducto de escape del motor subluz
Almohadilla de deslizamiento trasera y tren de aterrizaje
Alojamiento de la tripulación
Cubierta de circuitos
Anilla de acoplamiento del puerto
Placa blindada añadida
Daños producidos por un disparo
Sistemas de proceso de los sensores
Conducto de combustible principal
Tanque de almacenamiento del combustible de metal líquido del *Halcón*, sumamente inestable y peligroso
Sistema de refrigeración del combustible
Torreta cuatriláser inferior
Saltador kintan

La adaptación

Los dos cañones cuatriláser, montados por encima y por debajo del centro de la nave, ofrecen una excelente protección al *Halcón*. Estas armas de tipo militar, totalmente ilegales, son solamente uno de los muchos sistemas mejorados de a bordo. Gracias al disco sensor de última tecnología y de tamaño espectacular situado al lado del puerto, el capitán Solo sabe si se acercan naves imperiales antes de que éstas sepan que han sido detectadas.

Los secretos de la velocidad

El sistema de hiperpropulsión adaptado del *Halcón* dobla en tamaño al sistema de propulsión de una nave de carga YT-1300 estándar, por lo que la embarcación tiene un tipo de hiperpropulsión de 0,5 (el doble de velocidad que las naves de guerra imperiales). El secreto de ese rendimiento son las modificaciones de Solo, que dan una «línea aerodinámica» a la nave en el hiperespacio y controlan la deformación del continuo espacio-temporal a su alrededor. Otras naves han intentado igualar la velocidad del *Halcón* sin realizar esas alteraciones y han explotado en partículas subatómicas.

El tablero dejarik

La vida a bordo de una nave de carga espacial comporta largas horas de viaje, así que a petición de Chewbacca, se equipó al *Halcón* con un tablero de holojuego dejarik, que proyecta varios tipos de juegos holográficos sobre una superficie de círculos bicolor. En el ajedrez dejarik se enfrentan dos equipos de criaturas diversas con habilidades distintas.

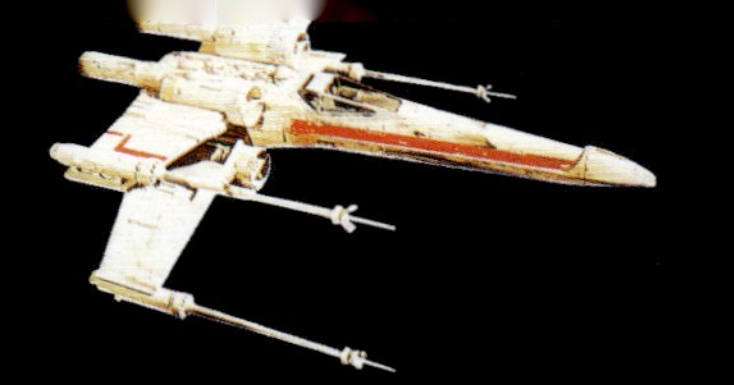

EL CAZA X T-65

EL CAZA ESTELAR X era un proyecto de máximo secreto de la empresa Incom cuando el Imperio empezó a sospechar que había en la compañía simpatías rebeldes y embargó sus bienes. Los miembros más importantes del equipo de diseño consiguieron escapar con los planos y dos prototipos y destruir cualquier otro rastro de la nave. Así llegó a manos de la rebelión el que se convertiría en su mejor caza espacial: el caza X, que cuenta con potencia de fuego pesada, hiperpropulsión y escudos defensivos; sin embargo, es lo bastante maniobrable para enfrentarse de cerca a los cazas TIE imperiales, de una agilidad mortal. Esta formidable nave ha visto pospuesta su producción en grandes cantidades durante años debido a la complejidad de sus sistemas y a la rareza de sus aleaciones.

Pantalla de objetivos
Sistemas de control principales similares a los de naves civiles como el Skyhopper T-16

Cubierta de cristal de la cabina

EL INTERIOR DE LA CABINA

La maniobrabilidad de excelente respuesta del caza X lo convierte en una nave de peligroso manejo para pilotos novatos. Además de los sistemas de control de vuelo, bastante sencillos, las extensas pantallas de la cabina permiten al piloto supervisar y controlar la distribución de energía por todos los sistemas de la nave durante el combate.

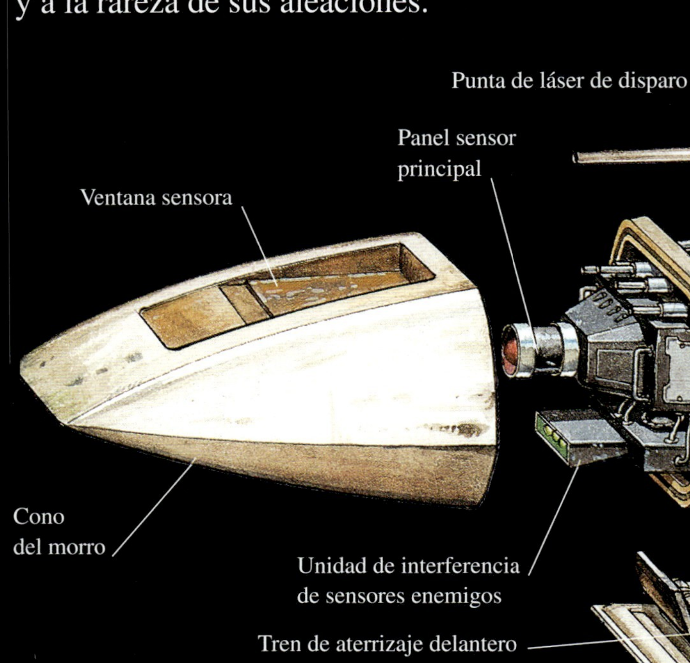

Punta de láser de disparo
Panel sensor principal
Ventana sensora
Cono del morro
Unidad de interferencia de sensores enemigos
Tren de aterrizaje delantero

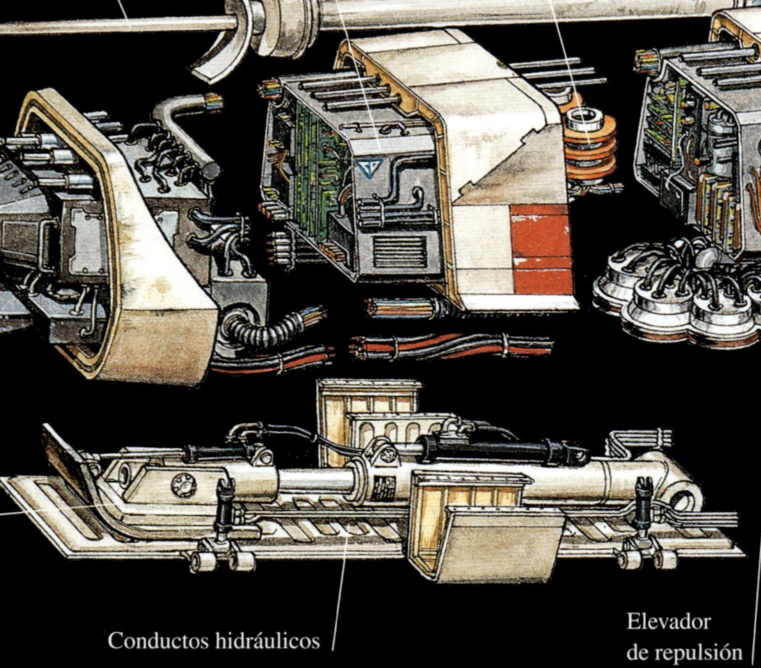

Ordenador del sensor
Antena de comunicaciones
Pedales de control de tiro y balanceo
Conductos hidráulicos
Elevador de repulsión
Ordenador de a bordo
Torpedo de protones

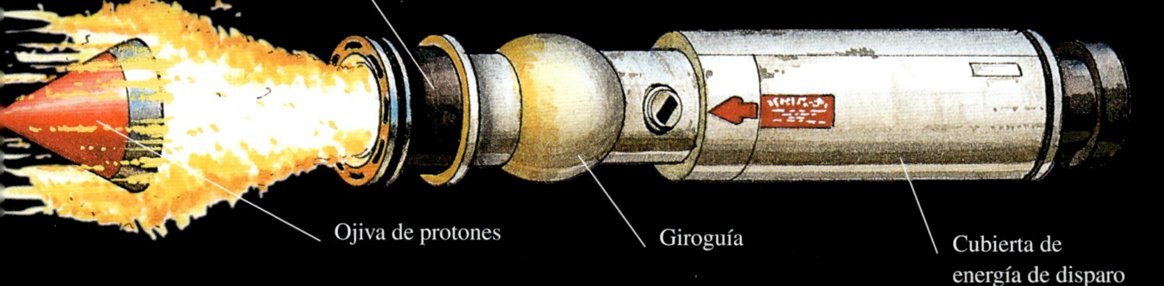

Un cartucho de lanzamiento de alta energía dispara cada torpedo, le da impulso y lo guía en su trayectoria gracias a una precisa vuelta giroscópica
Ojiva de protones
Giroguía
Cubierta de energía de disparo

EL DESTRUCTOR DE LA *ESTRELLA DE LA MUERTE*

Los torpedos de protones como el MG7-As que lleva el caza X son explosivos nucleares convergentes sumamente peligrosos. Se emplean para destruir objetivos clave o para abrirse camino a través de escudos de rayos que desvíen las armas láser. Los torpedos de protones son muy caros y las fuerzas aliadas sólo pueden conseguirlos en cantidades limitadas. Luke Skywalker sólo contaba con un par para los disparos decisivos que acabaron con la *Estrella de la Muerte* original.

UN FUNCIONAMIENTO INDEPENDIENTE

La hiperpropulsión y la capacidad de despegar y aterrizar sin ayuda especial permiten al caza X funcionar de forma independiente, a diferencia de los cazas imperiales TIE. El caza X está equipado con un equipo de soporte vital suficiente para pasar una semana en el espacio: aire, agua, alimentos y equipo de soporte de proceso vital se guardan en la zona situada tras el asiento del piloto. Cuando la nave aterriza puede renovarse el suministro de aire y recargarse parcialmente el agua y los sistemas de soporte. En la bodega de carga se encuentra un equipo de supervivencia para los pilotos que aterrizan en entornos hostiles o en puntos remotos.

La ventaja en el combate aéreo

El caza X consigue su impresionante maniobrabilidad gracias a una combinación de tres factores. El impulso diferencial de sus cuatro motores de iones de fusión es el primero. Los giroelectroimanes de masa alta de cada uno de los cuatro retroimpulsores añaden un efecto de giro que ayuda a balancear la nave en las curvas cerradas. Por último, se disparan precisas explosiones de retroimpulso por los inyectores de turbina para ofrecer más control y dar a la nave una ventaja decisiva en el combate.

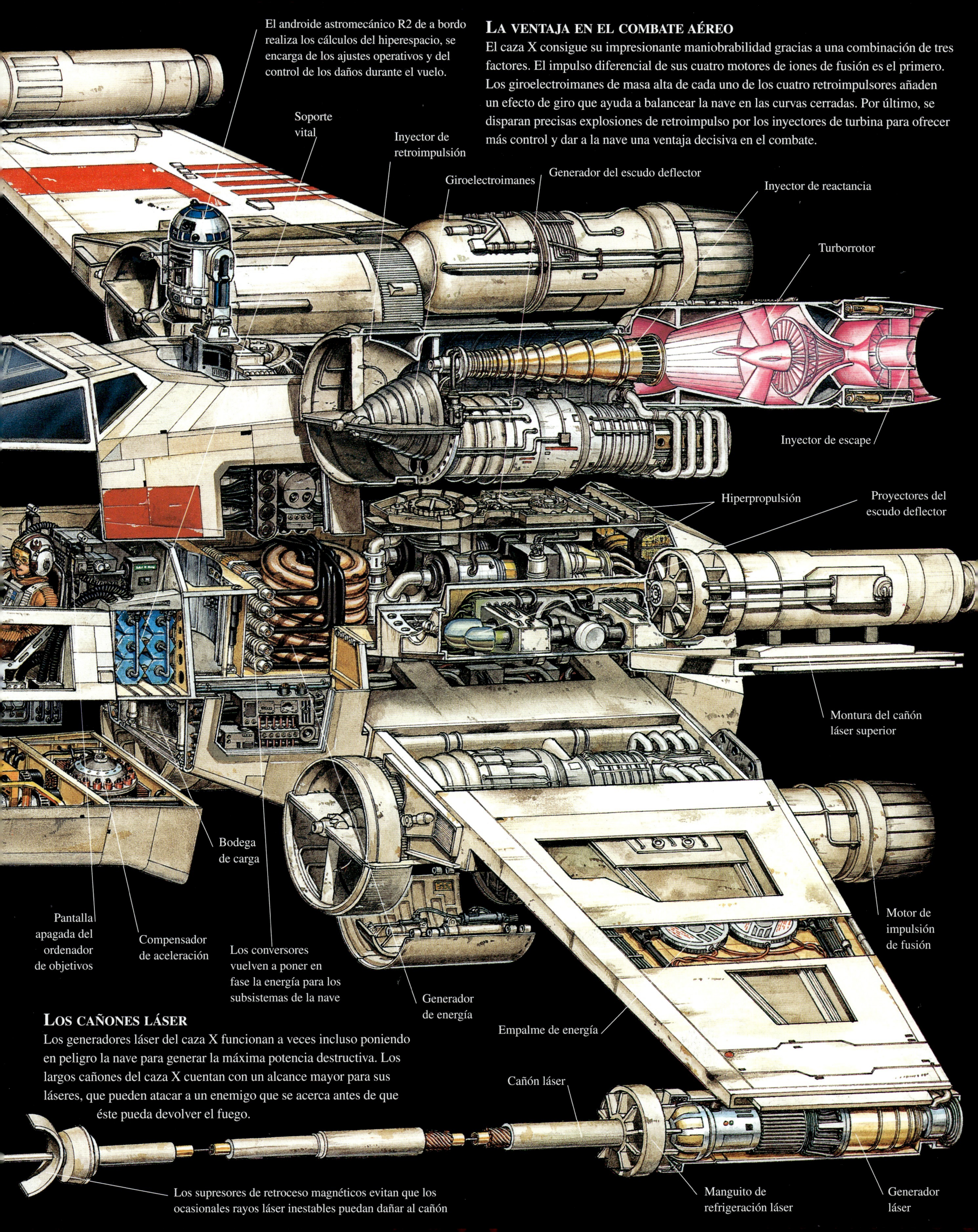
El androide astromecánico R2 de a bordo realiza los cálculos del hiperespacio, se encarga de los ajustes operativos y del control de los daños durante el vuelo.
Soporte vital
Inyector de retroimpulsión
Giroelectroimanes
Generador del escudo deflector
Inyector de reactancia
Turborrotor
Inyector de escape
Hiperpropulsión
Proyectores del escudo deflector
Montura del cañón láser superior
Bodega de carga
Motor de impulsión de fusión
Pantalla apagada del ordenador de objetivos
Compensador de aceleración
Los conversores vuelven a poner en fase la energía para los subsistemas de la nave
Generador de energía
Empalme de energía
Cañón láser
Los supresores de retroceso magnéticos evitan que los ocasionales rayos láser inestables puedan dañar al cañón
Manguito de refrigeración láser
Generador láser

Los cañones láser

Los generadores láser del caza X funcionan a veces incluso poniendo en peligro la nave para generar la máxima potencia destructiva. Los largos cañones del caza X cuentan con un alcance mayor para sus láseres, que pueden atacar a un enemigo que se acerca antes de que éste pueda devolver el fuego.

El caza Y BTL-A4

El diseño Koensayr del caza es muy antiguo, como sucede con muchos de los cazas Y de la flota de combate espacial de la Alianza Rebelde. La nave es una combinación de caza y bombardero ligero, es duradera y el buen trabajo de los mecánicos rebeldes hace que todavía dure más. Ha conseguido el prestigio de ser la nave más resistente de las fuerzas de ataque rebeldes y es todavía el caza más numeroso de la Alianza. Existen diversos modelos, adaptados para distintas misiones, con versiones de uno o dos tripulantes. La nave, que cuenta con cañones láser pesados, cañones de iones y reservas de torpedos de protones, tiene una potencia de fuego devastadora, y su sólida construcción soporta daños en el combate que destrozarían vehículos más ligeros. No es la nave más rápida ni la más maniobrable que existe, pero con el balance de sus funciones, el caza Y sigue siendo una fuerte baza para las fuerzas de combate espacial de la Alianza.

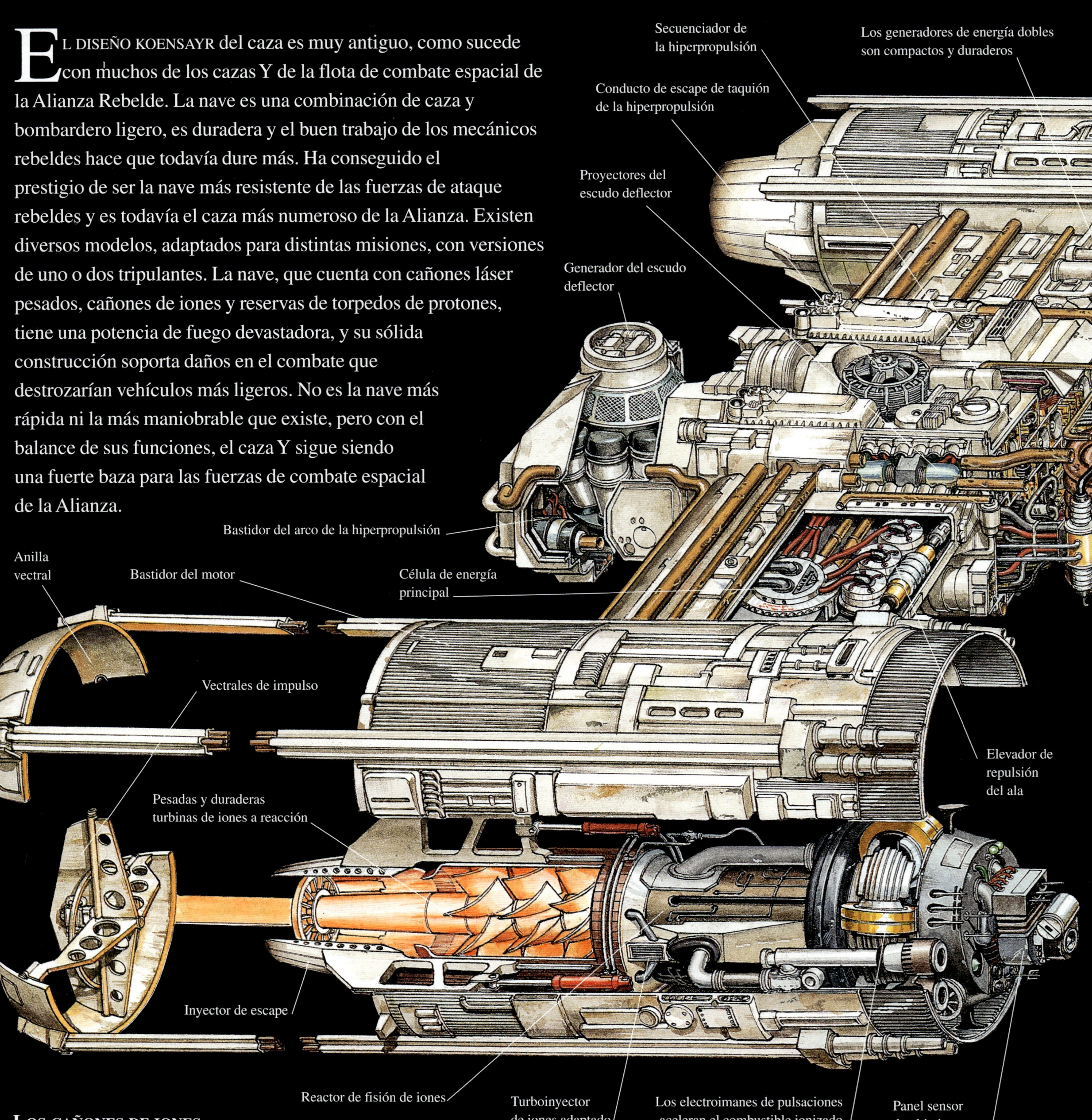

Secuenciador de la hiperpropulsión
Los generadores de energía dobles son compactos y duraderos
Conducto de escape de taquión de la hiperpropulsión
Proyectores del escudo deflector
Generador del escudo deflector
Bastidor del arco de la hiperpropulsión
Anilla vectral
Bastidor del motor
Célula de energía principal
Vectrales de impulso
Elevador de repulsión del ala
Pesadas y duraderas turbinas de iones a reacción
Inyector de escape
Reactor de fisión de iones
Turboinyector de iones adaptado
Los electroimanes de pulsaciones aceleran el combustible ionizado para inyectarlo en las turbinas
Panel sensor de objetivos de largo alcance

Los cañones de iones

Los cañones de iones disparan una carga eléctrica para alterar los circuitos de control de una nave enemiga sin destruirla. El caza Y cuenta con cañones de iones dobles, pero son instrumentos de gran delicadeza. Sus matrices de cristales siempre se desalinean debido a las vibraciones del vuelo y del combate, y los mecánicos rebeldes las detestan por el tiempo que cuesta su mantenimiento. Para el ataque a la *Estrella de la Muerte*, sólo dos cazas Y pertenecientes a la flota rebelde tenían cañones de iones en funcionamiento; éstos fueron decisivos en la batalla, y una de esas naves fue el único caza Y que sobrevivió.

El sistema de refrigeración

El caza Y se calienta mucho a pesar de su tamaño, por eso dispone de un complejo sistema de refrigeración que recorre toda la embarcación. Algunas partes de ese sistema necesitan mantenimiento después de cada vuelo. Los mecánicos rebeldes suelen hacer puentes en los tubos de líquido refrigerante cuando sucede algo muy frustrante: una fuga inutiliza una sección inaccesible.

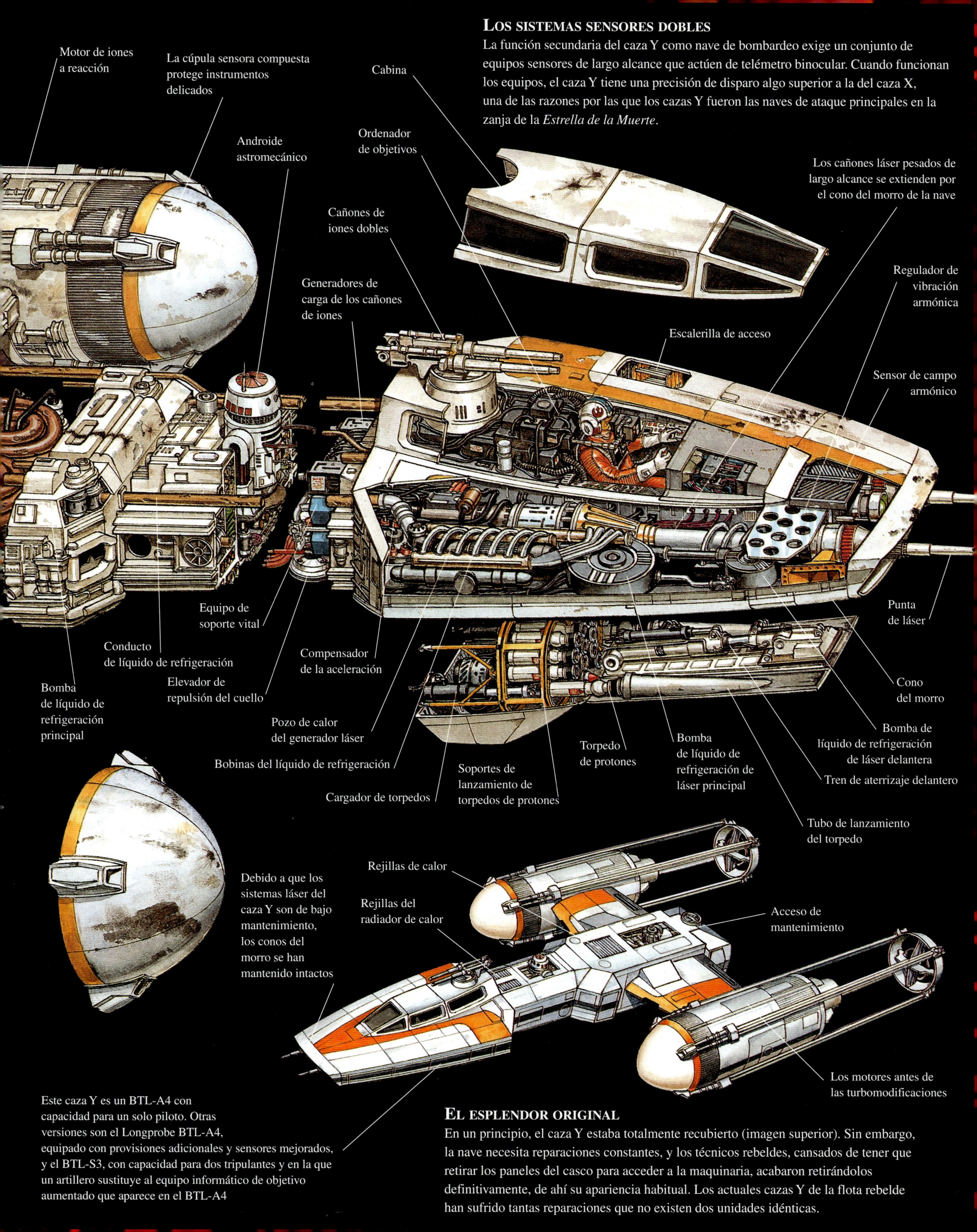
Motor de iones a reacción
La cúpula sensora compuesta protege instrumentos delicados
Cabina
Androide astromecánico
Ordenador de objetivos
Los cañones láser pesados de largo alcance se extienden por el cono del morro de la nave
Cañones de iones dobles
Generadores de carga de los cañones de iones
Regulador de vibración armónica
Escalerilla de acceso
Sensor de campo armónico
Equipo de soporte vital
Punta de láser
Conducto de líquido de refrigeración
Compensador de la aceleración
Bomba de líquido de refrigeración principal
Elevador de repulsión del cuello
Cono del morro
Pozo de calor del generador láser
Bomba de líquido de refrigeración de láser delantera
Torpedo de protones
Bomba de líquido de refrigeración de láser principal
Bobinas del líquido de refrigeración
Soportes de lanzamiento de torpedos de protones
Tren de aterrizaje delantero
Cargador de torpedos
Tubo de lanzamiento del torpedo
Rejillas de calor
Debido a que los sistemas láser del caza Y son de bajo mantenimiento, los conos del morro se han mantenido intactos
Rejillas del radiador de calor
Acceso de mantenimiento
Los motores antes de las turbomodificaciones

Los sistemas sensores dobles

La función secundaria del caza Y como nave de bombardeo exige un conjunto de equipos sensores de largo alcance que actúen de telémetro binocular. Cuando funcionan los equipos, el caza Y tiene una precisión de disparo algo superior a la del caza X, una de las razones por las que los cazas Y fueron las naves de ataque principales en la zanja de la *Estrella de la Muerte*.

Este caza Y es un BTL-A4 con capacidad para un solo piloto. Otras versiones son el Longprobe BTL-A4, equipado con provisiones adicionales y sensores mejorados, y el BTL-S3, con capacidad para dos tripulantes y en la que un artillero sustituye al equipo informático de objetivo aumentado que aparece en el BTL-A4

El esplendor original

En un principio, el caza Y estaba totalmente recubierto (imagen superior). Sin embargo, la nave necesita reparaciones constantes, y los técnicos rebeldes, cansados de tener que retirar los paneles del casco para acceder a la maquinaria, acabaron retirándolos definitivamente, de ahí su apariencia habitual. Los actuales cazas Y de la flota rebelde han sufrido tantas reparaciones que no existen dos unidades idénticas.

EL TIE AVANZADO X1

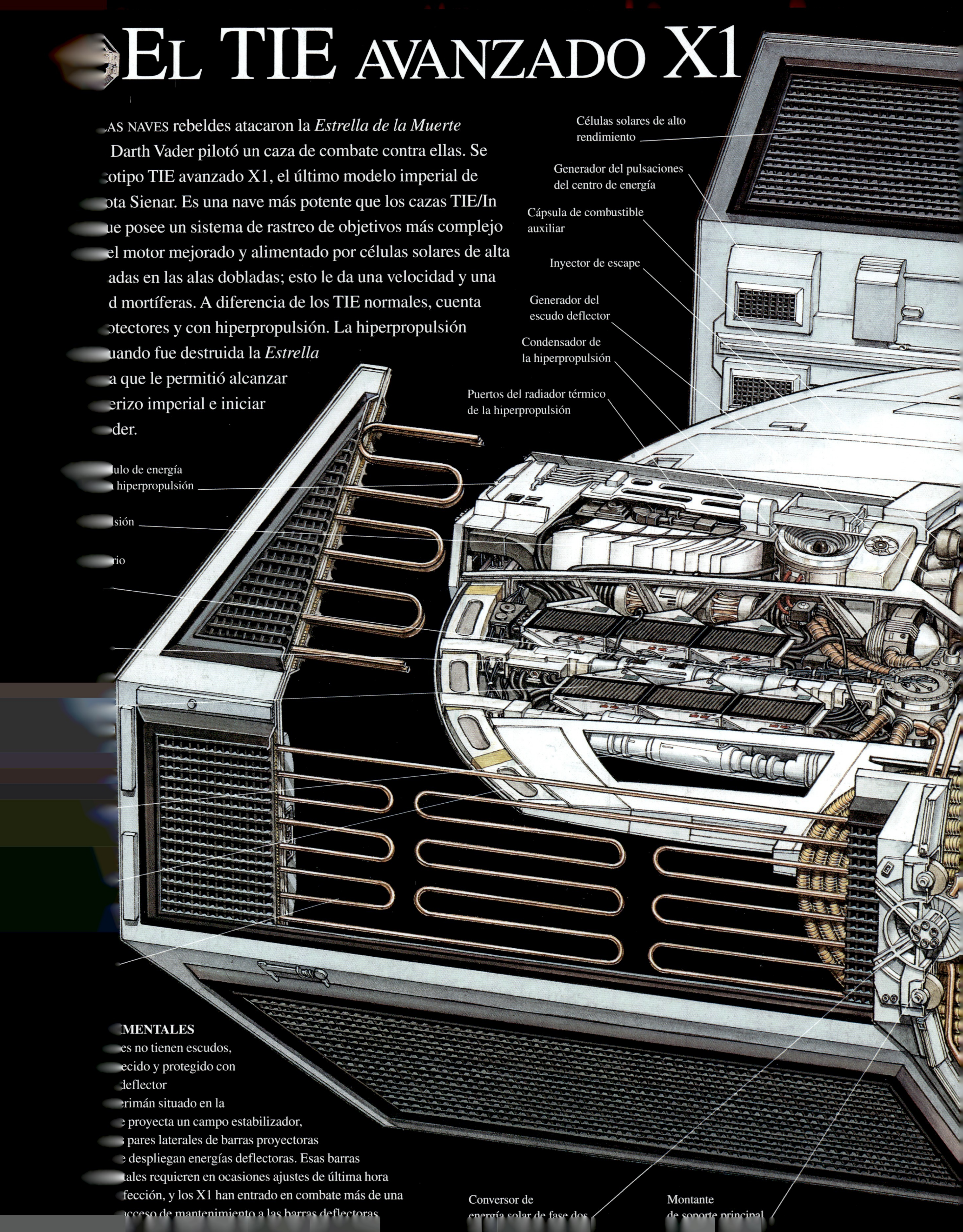

Células solares de alto rendimiento
Generador del pulsaciones del centro de energía
Cápsula de combustible auxiliar
Inyector de escape
Generador del escudo deflector
Condensador de la hiperpropulsión
Puertos del radiador térmico de la hiperpropulsión
lulo de energía
hiperpropulsión
sión
rio
Conversor de
energía solar de fase dos
Montante
de soporte principal

AS NAVES rebeldes atacaron la *Estrella de la Muerte*
Darth Vader pilotó un caza de combate contra ellas. Se
otipo TIE avanzado X1, el último modelo imperial de
ota Sienar. Es una nave más potente que los cazas TIE/In
ue posee un sistema de rastreo de objetivos más complejo
el motor mejorado y alimentado por células solares de alta
adas en las alas dobladas; esto le da una velocidad y una
d mortíferas. A diferencia de los TIE normales, cuenta
otectores y con hiperpropulsión. La hiperpropulsión
uando fue destruida la *Estrella*
a que le permitió alcanzar
erizo imperial e iniciar
der.

MENTALES

es no tienen escudos,
ecido y protegido con
deflector
rimán situado en la
proyecta un campo estabilizador,
pares laterales de barras proyectoras
despliegan energías deflectoras. Esas barras
tales requieren en ocasiones ajustes de última hora
fección, y los X1 han entrado en combate más de una
cceso de mantenimiento a las barras deflectoras

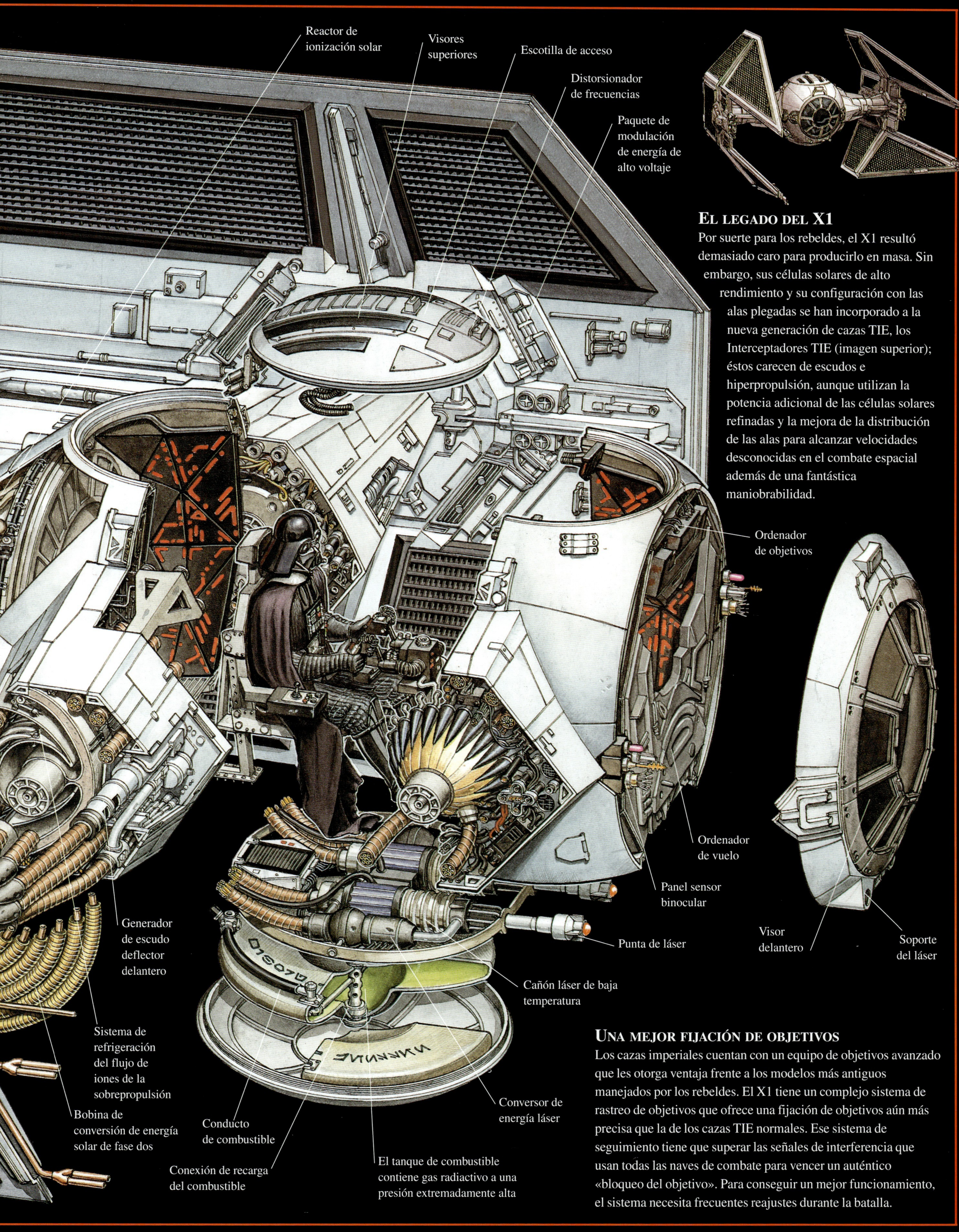
Reactor de ionización solar
Visores superiores
Escotilla de acceso
Distorsionador de frecuencias
Paquete de modulación de energía de alto voltaje
Ordenador de objetivos
Ordenador de vuelo
Panel sensor binocular
Punta de láser
Visor delantero
Soporte del láser
Cañón láser de baja temperatura
Conversor de energía láser
El tanque de combustible contiene gas radiactivo a una presión extremadamente alta
Conexión de recarga del combustible
Conducto de combustible
Bobina de conversión de energía solar de fase dos
Sistema de refrigeración del flujo de iones de la sobrepropulsión
Generador de escudo deflector delantero

El legado del X1

Por suerte para los rebeldes, el X1 resultó demasiado caro para producirlo en masa. Sin embargo, sus células solares de alto rendimiento y su configuración con las alas plegadas se han incorporado a la nueva generación de cazas TIE, los Interceptadores TIE (imagen superior); éstos carecen de escudos e hiperpropulsión, aunque utilizan la potencia adicional de las células solares refinadas y la mejora de la distribución de las alas para alcanzar velocidades desconocidas en el combate espacial además de una fantástica maniobrabilidad.

Una mejor fijación de objetivos

Los cazas imperiales cuentan con un equipo de objetivos avanzado que les otorga ventaja frente a los modelos más antiguos manejados por los rebeldes. El X1 tiene un complejo sistema de rastreo de objetivos que ofrece una fijación de objetivos aún más precisa que la de los cazas TIE normales. Ese sistema de seguimiento tiene que superar las señales de interferencia que usan todas las naves de combate para vencer un auténtico «bloqueo del objetivo». Para conseguir un mejor funcionamiento, el sistema necesita frecuentes reajustes durante la batalla.

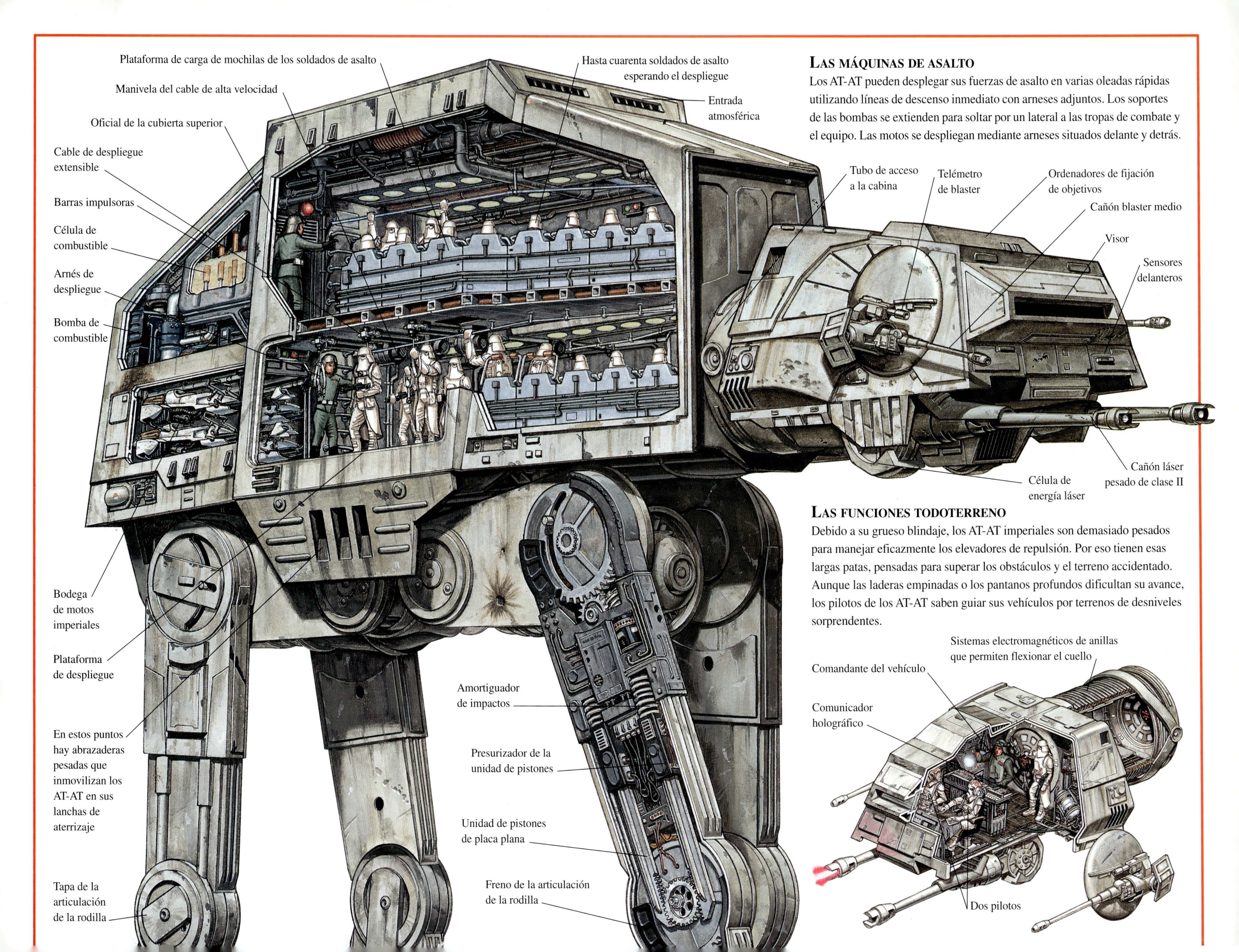
Plataforma de carga de mochilas de los soldados de asalto
Manivela del cable de alta velocidad
Oficial de la cubierta superior
Cable de despliegue extensible
Barras impulsoras
Célula de combustible
Arnés de despliegue
Bomba de combustible
Hasta cuarenta soldados de asalto esperando el despliegue
Entrada atmosférica
Tubo de acceso a la cabina
Telémetro de blaster
Ordenadores de fijación de objetivos
Cañón blaster medio
Visor
Sensores delanteros
Cañón láser pesado de clase II
Célula de energía láser
Bodega de motos imperiales
Plataforma de despliegue
En estos puntos hay abrazaderas pesadas que inmovilizan los AT-AT en sus lanchas de aterrizaje
Tapa de la articulación de la rodilla
Amortiguador de impactos
Presurizador de la unidad de pistones
Unidad de pistones de placa plana
Freno de la articulación de la rodilla
Sistemas electromagnéticos de anillas que permiten flexionar el cuello
Comandante del vehículo
Comunicador holográfico
Dos pilotos

Las máquinas de asalto

Los AT-AT pueden desplegar sus fuerzas de asalto en varias oleadas rápidas utilizando líneas de descenso inmediato con arneses adjuntos. Los soportes de las bombas se extienden para soltar por un lateral a las tropas de combate y el equipo. Las motos se despliegan mediante arneses situados delante y detrás.

Las funciones todoterreno

Debido a su grueso blindaje, los AT-AT imperiales son demasiado pesados para manejar eficazmente los elevadores de repulsión. Por eso tienen esas largas patas, pensadas para superar los obstáculos y el terreno accidentado. Aunque las laderas empinadas o los pantanos profundos dificultan su avance, los pilotos de los AT-AT saben guiar sus vehículos por terrenos de desniveles sorprendentes.

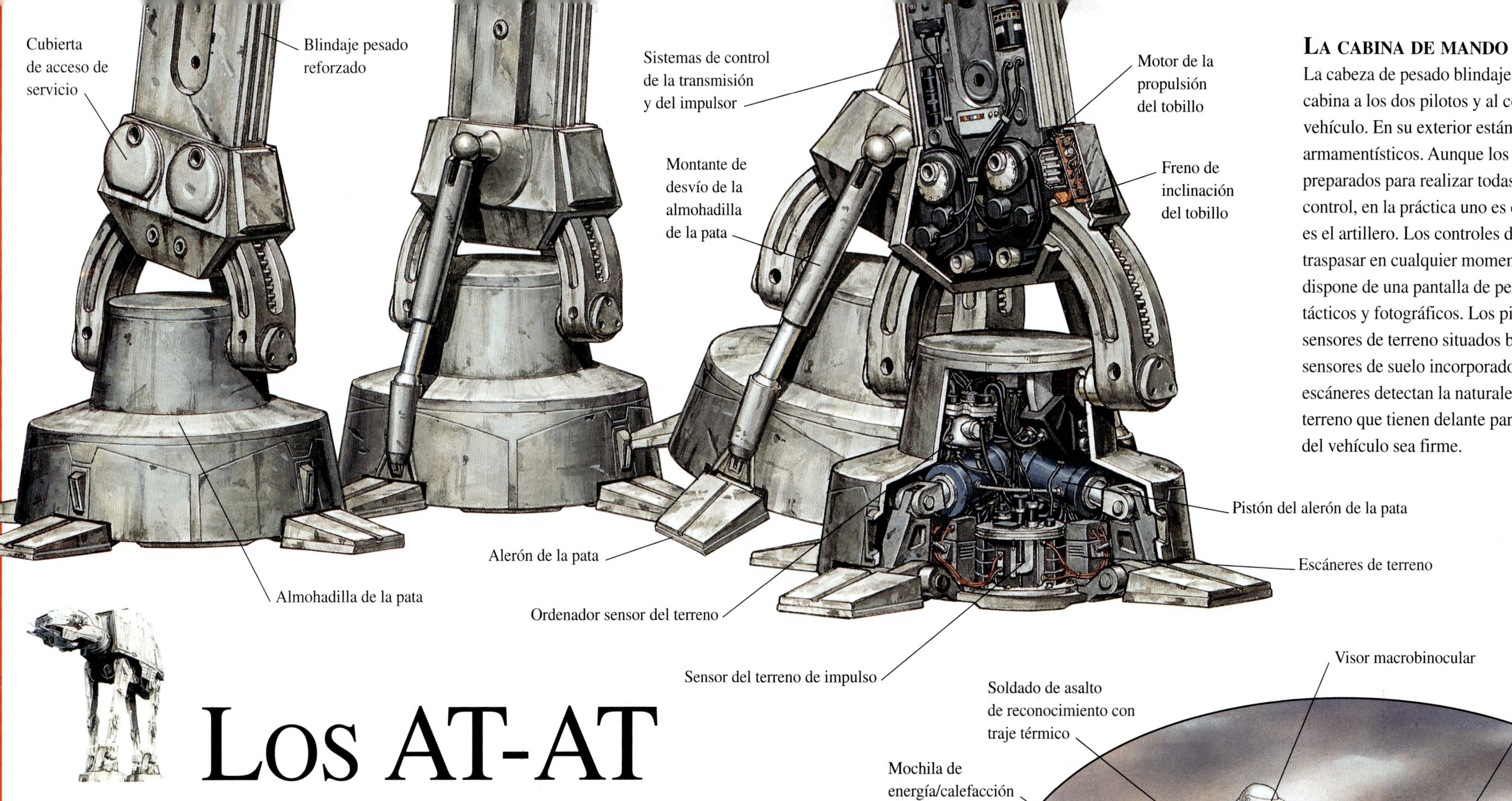

Cubierta de acceso de servicio
Blindaje pesado reforzado
Sistemas de control de la transmisión y del impulsor
Montante de desvío de la almohadilla de la pata
Motor de la propulsión del tobillo
Freno de inclinación del tobillo
Pistón del alerón de la pata
Escáneres de terreno
Alerón de la pata
Almohadilla de la pata
Ordenador sensor del terreno
Sensor del terreno de impulso

La cabina de mando

La cabeza de pesado blindaje del AT-AT sirve de cabina a los dos pilotos y al comandante del vehículo. En su exterior están montados los sistemas armamentísticos. Aunque los dos pilotos están preparados para realizar todas las funciones de control, en la práctica uno es el conductor y el otro es el artillero. Los controles de disparo se pueden traspasar en cualquier momento al comandante, que dispone de una pantalla de periscopio con mapas tácticos y fotográficos. Los pilotos se guían por sensores de terreno situados bajo la cabina y sensores de suelo incorporados a las patas. Los escáneres detectan la naturaleza y la forma del terreno que tienen delante para que el paso del vehículo sea firme.

Los AT-AT

Los enormes vehículos todoterreno acorazados conocidos como AT-AT y utilizados como armas del terror, avanzan inexorablemente por el campo de batalla como gigantes imparables. Estas monstruosas máquinas están protegidas por un revestimiento blindado pesado, lo que las hace invulnerables a cualquier arma, excepto a los turboláseres más pesados. Los rayos del blaster provinentes de torretas y cañones normales rebotan en la armadura de un AT-AT y se amortiguan y disipan sin causar daños. Un potente reactor produce la energía necesaria para hacer avanzar esta máquina de batalla. Los cañones de la cabina móvil despiden muerte contra los enemigos que se ponen delante, y siembran la destrucción en lugares que después aplastan las potentes almohadillas de las patas. El AT-AT, que se abre paso a tiros por las líneas enemigas gracias a los blasters y a su imponente tamaño, funciona como transporte de tropas: en su interior puede llevar pelotones de soldados de asalto, armamento de tierra y motos imperiales antipersonales y de reconocimiento. Cuando se suelta ese cargamento de terror en el caos y la destrucción creados por el AT-AT, prácticamente se completa una nueva victoria imperial.

Visor macrobinocular

Soldado de asalto de reconocimiento con traje térmico

Arma de persecución antipersonal

Mochila de energía/calefacción

Las motos imperiales

Los AT-AT transportan una serie de motos ligeras con elevadores de repulsión de gran velocidad para las misiones de reconocimiento o de búsqueda de supervivientes. La velocidad y la agilidad de esas motos complementa la potencia pesada de los AT-AT, y su capacidad de asalto combinada es completa y aplastante. La combinación del tamaño colosal y del aspecto de animal de pesadilla de los AT-AT con sus puntos fuertes de combate le confieren una potencia también psicológica tremenda. Hasta la Batalla de Hoth, ningún ejército se había enfrentado con decisión a una ofensiva de los AT-AT, tal es su espantosa y devastadora presencia.

El Snowspeeder

Poco después de fijar su nueva base secreta en el planeta helado de Hoth, los rebeldes adquirieron un reducido escuadrón de airspeeders Incom T-47 para utilizarlos como unidades de defensa. Estos speeders se habían equipado con conversores de energía y cañones láser de tipo militar. Al ser vehículos muy maniobrables y rápidos, parecían ideales para la defensa de la Base Eco, pero el intenso frío de Hoth fue demasiado duro para ellos, por lo que los técnicos rebeldes modificaron los T-47 para adaptarlos a su nuevo entorno.

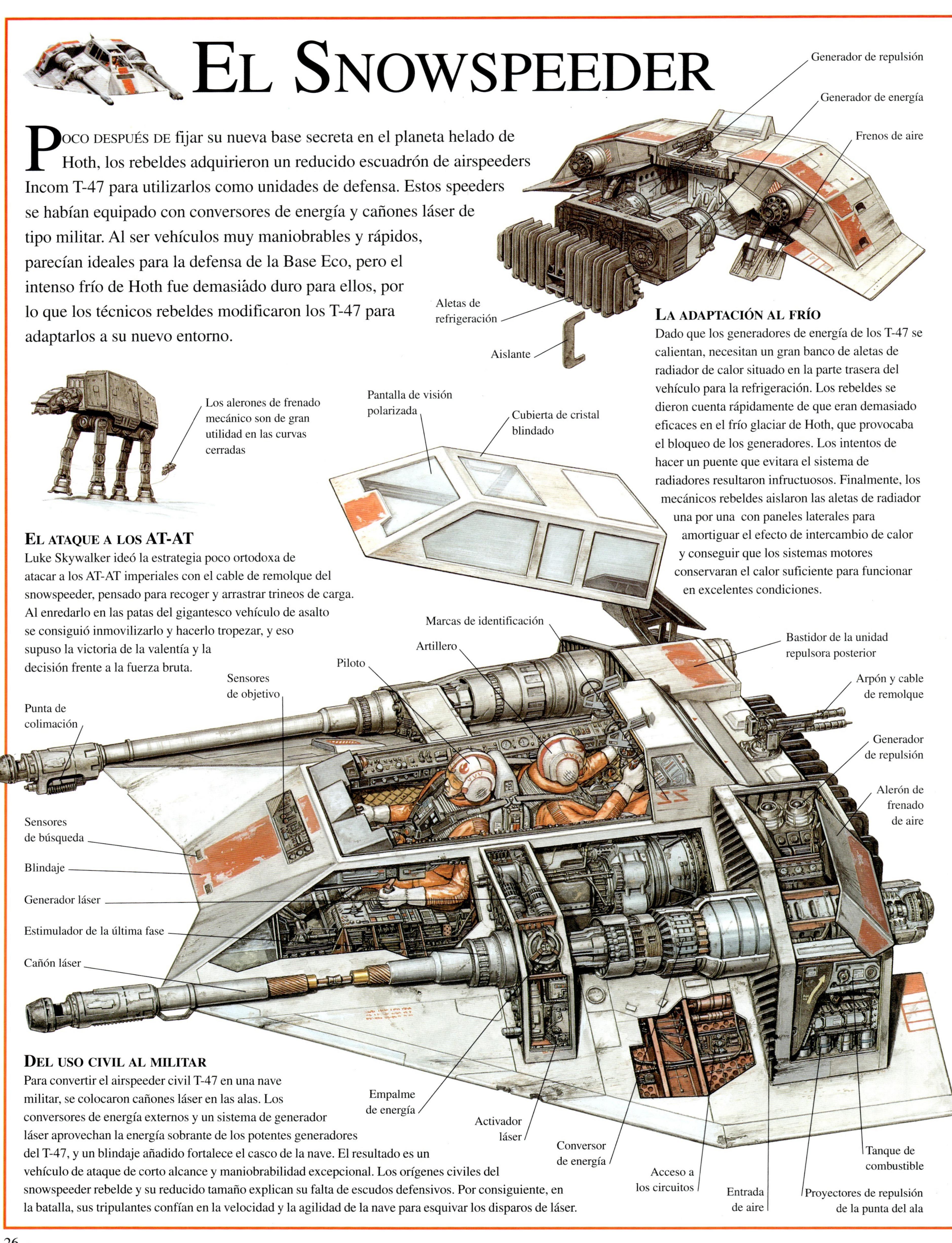

Generador de repulsión
Generador de energía
Frenos de aire
Aletas de refrigeración
Aislante
Los alerones de frenado mecánico son de gran utilidad en las curvas cerradas
Pantalla de visión polarizada
Cubierta de cristal blindado
Marcas de identificación
Artillero
Piloto
Sensores de objetivo
Punta de colimación
Bastidor de la unidad repulsora posterior
Arpón y cable de remolque
Generador de repulsión
Alerón de frenado de aire
Sensores de búsqueda
Blindaje
Generador láser
Estimulador de la última fase
Cañón láser
Empalme de energía
Activador láser
Conversor de energía
Acceso a los circuitos
Entrada de aire
Tanque de combustible
Proyectores de repulsión de la punta del ala

La adaptación al frío

Dado que los generadores de energía de los T-47 se calientan, necesitan un gran banco de aletas de radiador de calor situado en la parte trasera del vehículo para la refrigeración. Los rebeldes se dieron cuenta rápidamente de que eran demasiado eficaces en el frío glaciar de Hoth, que provocaba el bloqueo de los generadores. Los intentos de hacer un puente que evitara el sistema de radiadores resultaron infructuosos. Finalmente, los mecánicos rebeldes aislaron las aletas de radiador una por una con paneles laterales para amortiguar el efecto de intercambio de calor y conseguir que los sistemas motores conservaran el calor suficiente para funcionar en excelentes condiciones.

El ataque a los AT-AT

Luke Skywalker ideó la estrategia poco ortodoxa de atacar a los AT-AT imperiales con el cable de remolque del snowspeeder, pensado para recoger y arrastrar trineos de carga. Al enredarlo en las patas del gigantesco vehículo de asalto se consiguió inmovilizarlo y hacerlo tropezar, y eso supuso la victoria de la valentía y la decisión frente a la fuerza bruta.

Del uso civil al militar

Para convertir el airspeeder civil T-47 en una nave militar, se colocaron cañones láser en las alas. Los conversores de energía externos y un sistema de generador láser aprovechan la energía sobrante de los potentes generadores del T-47, y un blindaje añadido fortalece el casco de la nave. El resultado es un vehículo de ataque de corto alcance y maniobrabilidad excepcional. Los orígenes civiles del snowspeeder rebelde y su reducido tamaño explican su falta de escudos defensivos. Por consiguiente, en la batalla, sus tripulantes confían en la velocidad y la agilidad de la nave para esquivar los disparos de láser.

Conversores de energía de las armas
Sistema de refrigeración de la cabina
Escotilla de entrada
Estación de artillero
Blindaje
Ordenador de locomoción
Cargador de conmoción
Control de aceleración del piloto
Barandilla
Sensor delantero
Visor de mando
Cañón blaster ligero
Piloto
Blindaje delantero
Cañones blaster dobles
Lanzador de conmoción
Girosistema
Radiador
Girocélula de energía
Escudo de plastrón
Conducto de escape
Células de energía
Motor de transmisión
Escudo de la articulación
Articulación de la rodilla
Los complejos sistemas de amortiguación de impactos del interior de las patas del vehículo explorador mantienen la estabilidad y envían información de equilibrio a los ordenadores de navegación
El AT-ST, demasiado pequeño para llevar a bordo un generador de energía completo, utiliza células desechables de alta intensidad para alimentar sus sistemas de energía intensa. Por ese motivo, su alcance es limitado
Articulación del codo
Espinilla
Almohadilla de la pata
Tensor de la articulación del tobillo
Articulación de la pata
Montaje del engranaje de compresión/estabilización de la espinilla
Articulación del tobillo
Impulsor de corte
Cuchilla de corte de vallas
Los sensores de las almohadillas de las patas aportan información del terreno para saber dónde debe colocarse exactamente la pata
Sensor de impacto de tierra

La vista desde la cabina

Gracias a las pantallas y a los holoproyectores, la tripulación de los AT-ST es capaz de ver al mismo tiempo lo que tiene delante y detrás. El ordenador guía al vehículo explorador por terreno regular, pero en las superficies difíciles se hace necesario un experto piloto humano que sopese la gran variedad de datos de entrada y controle el paso del vehículo.

La giroestabilización

Con un piloto experto al mando, un AT-ST puede moverse con bastante agilidad a través de terrenos muy diversos. Un potente giroestabilizador empalmado con un complejo sistema de locomoción permite al vehículo explorador reproducir los movimientos de avance de una criatura viva.

Los AT-ST

Los vehículos exploradores todoterreno conocidos como AT-ST se mueven con facilidad por terrenos irregulares para realizar sus misiones. El reconocimiento, el apoyo en la línea de batalla y la caza antipersonal aprovechan al máximo el armamento y las posibilidades del vehículo. Son más rápidos que los AT-AT, de mayor tamaño, pudiendo recorrer terrenos más densos fácilmente; atraviesan cañones y bosques por donde los AT-AT no podrían pasar. Mientras éstos aplastan los principales emplazamientos defensivos rebeldes, los AT-ST sacan de sus escondrijos a pequeños grupos de resistencia. Es casi imposible huir a pie de un AT-ST, ya que es un vehículo ágil y veloz; la aparición de una patrulla de estas máquinas provoca el pánico entre las tropas de tierra aisladas.

ESCLAVO I

LA NAVE DE Boba Fett fue una embarcación de patrullaje y ataque de Ingeniería de Sistemas Kuat de la clase Pulverizador Ígneo. Desde entonces, ha sufrido múltiples modificaciones con el fin de adaptarlo a su trabajo, la caza de recompensas. El *Esclavo I* está abarrotado de sistemas sensores auxiliares de todo tipo, generadores de escudos de gran potencia y varios sistemas de armamento añadidos. Gracias a un dispositivo militar secreto de interferencias y a un camuflaje de sensores robado, la nave desaparece en la mayor parte de sistemas de escaneado. Sus numerosas aptitudes la convierten en una de las bazas más peligrosas de Boba Fett en el rastreo de sus presas por la galaxia.

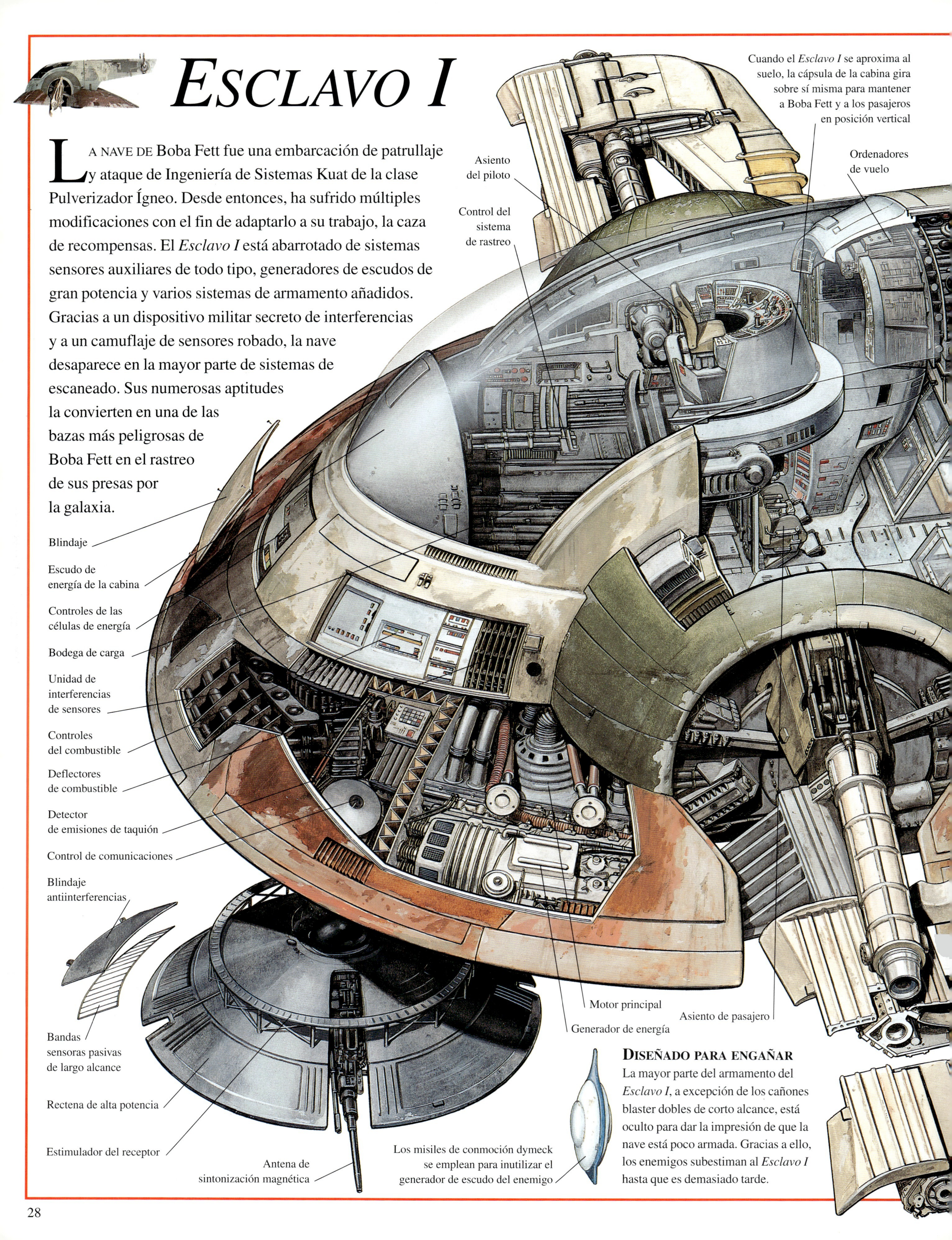

Cuando el *Esclavo I* se aproxima al suelo, la cápsula de la cabina gira sobre sí misma para mantener a Boba Fett y a los pasajeros en posición vertical
Ordenadores de vuelo
Asiento del piloto
Control del sistema de rastreo
Blindaje
Escudo de energía de la cabina
Controles de las células de energía
Bodega de carga
Unidad de interferencias de sensores
Controles del combustible
Deflectores de combustible
Detector de emisiones de taquión
Control de comunicaciones
Blindaje antiinterferencias
Bandas sensoras pasivas de largo alcance
Rectena de alta potencia
Estimulador del receptor
Antena de sintonización magnética
Los misiles de conmoción dymeck se emplean para inutilizar el generador de escudo del enemigo
Motor principal
Generador de energía
Asiento de pasajero

DISEÑADO PARA ENGAÑAR

La mayor parte del armamento del *Esclavo I*, a excepción de los cañones blaster dobles de corto alcance, está oculto para dar la impresión de que la nave está poco armada. Gracias a ello, los enemigos subestiman al *Esclavo I* hasta que es demasiado tarde.

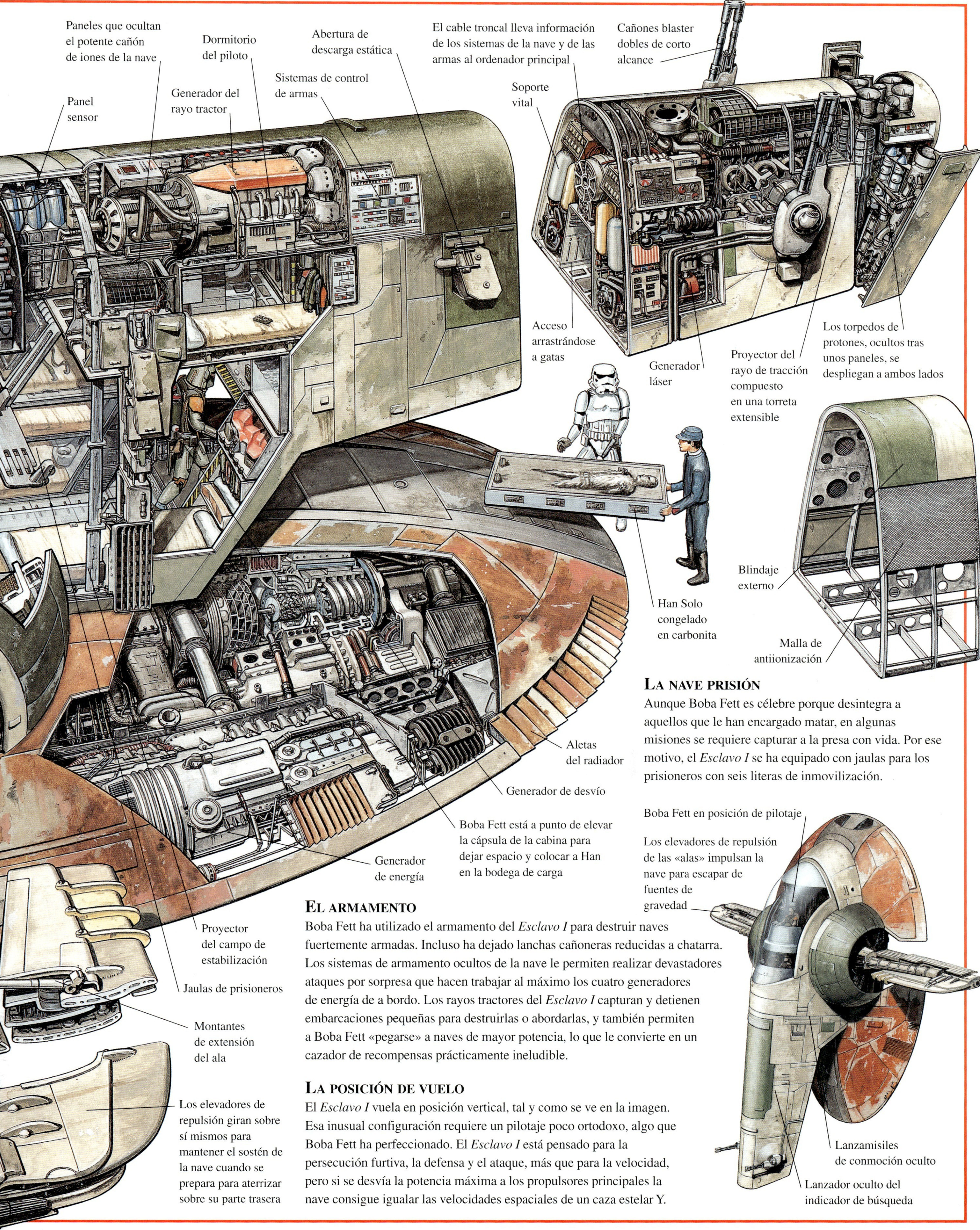

Paneles que ocultan el potente cañón de iones de la nave
Dormitorio del piloto
Abertura de descarga estática
El cable troncal lleva información de los sistemas de la nave y de las armas al ordenador principal
Cañones blaster dobles de corto alcance
Panel sensor
Generador del rayo tractor
Sistemas de control de armas
Soporte vital
Acceso arrastrándose a gatas
Generador láser
Proyector del rayo de tracción compuesto en una torreta extensible
Los torpedos de protones, ocultos tras unos paneles, se despliegan a ambos lados
Blindaje externo
Han Solo congelado en carbonita
Malla de antiionización
Aletas del radiador
Generador de desvío
Boba Fett está a punto de elevar la cápsula de la cabina para dejar espacio y colocar a Han en la bodega de carga
Generador de energía
Proyector del campo de estabilización
Jaulas de prisioneros
Montantes de extensión del ala
Los elevadores de repulsión giran sobre sí mismos para mantener el sostén de la nave cuando se prepara para aterrizar sobre su parte trasera
Boba Fett en posición de pilotaje
Los elevadores de repulsión de las «alas» impulsan la nave para escapar de fuentes de gravedad
Lanzamisiles de conmoción oculto
Lanzador oculto del indicador de búsqueda

La nave prisión

Aunque Boba Fett es célebre porque desintegra a aquellos que le han encargado matar, en algunas misiones se requiere capturar a la presa con vida. Por ese motivo, el *Esclavo I* se ha equipado con jaulas para los prisioneros con seis literas de inmovilización.

El armamento

Boba Fett ha utilizado el armamento del *Esclavo I* para destruir naves fuertemente armadas. Incluso ha dejado lanchas cañoneras reducidas a chatarra. Los sistemas de armamento ocultos de la nave le permiten realizar devastadores ataques por sorpresa que hacen trabajar al máximo los cuatro generadores de energía de a bordo. Los rayos tractores del *Esclavo I* capturan y detienen embarcaciones pequeñas para destruirlas o abordarlas, y también permiten a Boba Fett «pegarse» a naves de mayor potencia, lo que le convierte en un cazador de recompensas prácticamente ineludible.

La posición de vuelo

El *Esclavo I* vuela en posición vertical, tal y como se ve en la imagen. Esa inusual configuración requiere un pilotaje poco ortodoxo, algo que Boba Fett ha perfeccionado. El *Esclavo I* está pensado para la persecución furtiva, la defensa y el ataque, más que para la velocidad, pero si se desvía la potencia máxima a los propulsores principales la nave consigue igualar las velocidades espaciales de un caza estelar Y.

La barcaza de Jabba

Khetanna, la barcaza de Jabba el hutt, representa una extraña combinación de opulencia y de crudo minimalismo, propia de los gustos de su vil dueño. Se trata de una embarcación de recreo gigante con elevadores de repulsión que transporta al señor del crimen de su palacio en los desiertos de Tatooine a su hacienda en Mos Eisley y viceversa. Se sabe también que el hutt cruza con el Khetanna el Mar de Dunas para hacer oscuras negociaciones o asistir a lejanas carreras con altas apuestas que contribuyen a su imperio del juego. Entre los usos más infames de la barcaza está el traslado de Jabba para que asista a ejecuciones o a combates violentos de gladiadores organizados para entretenerle en remotos valles desérticos. Vaya donde vaya, la barcaza arrastra la siniestra sombra de la presencia de su amo.

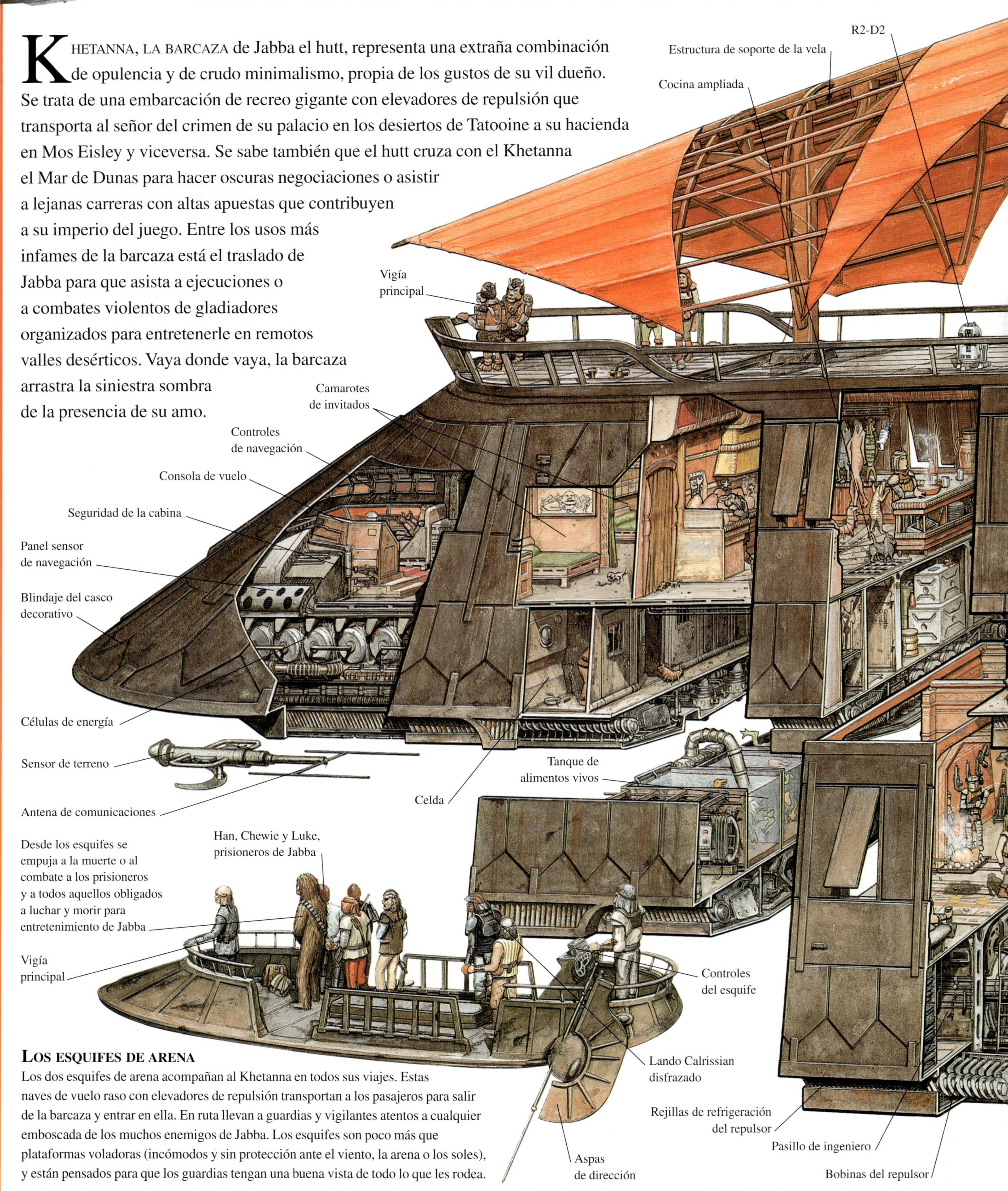

R2-D2
Estructura de soporte de la vela
Cocina ampliada
Vigía principal
Camarotes de invitados
Controles de navegación
Consola de vuelo
Seguridad de la cabina
Panel sensor de navegación
Blindaje del casco decorativo
Células de energía
Sensor de terreno
Antena de comunicaciones
Tanque de alimentos vivos
Celda
Desde los esquifes se empuja a la muerte o al combate a los prisioneros y a todos aquellos obligados a luchar y morir para entretenimiento de Jabba
Han, Chewie y Luke, prisioneros de Jabba
Vigía principal
Controles del esquife
Lando Calrissian disfrazado
Rejillas de refrigeración del repulsor
Pasillo de ingeniero
Bobinas del repulsor
Aspas de dirección

Los esquifes de arena

Los dos esquifes de arena acompañan al Khetanna en todos sus viajes. Estas naves de vuelo raso con elevadores de repulsión transportan a los pasajeros para salir de la barcaza y entrar en ella. En ruta llevan a guardias y vigilantes atentos a cualquier emboscada de los muchos enemigos de Jabba. Los esquifes son poco más que plataformas voladoras (incómodos y sin protección ante el viento, la arena o los soles), y están pensados para que los guardias tengan una buena vista de todo lo que les rodea.

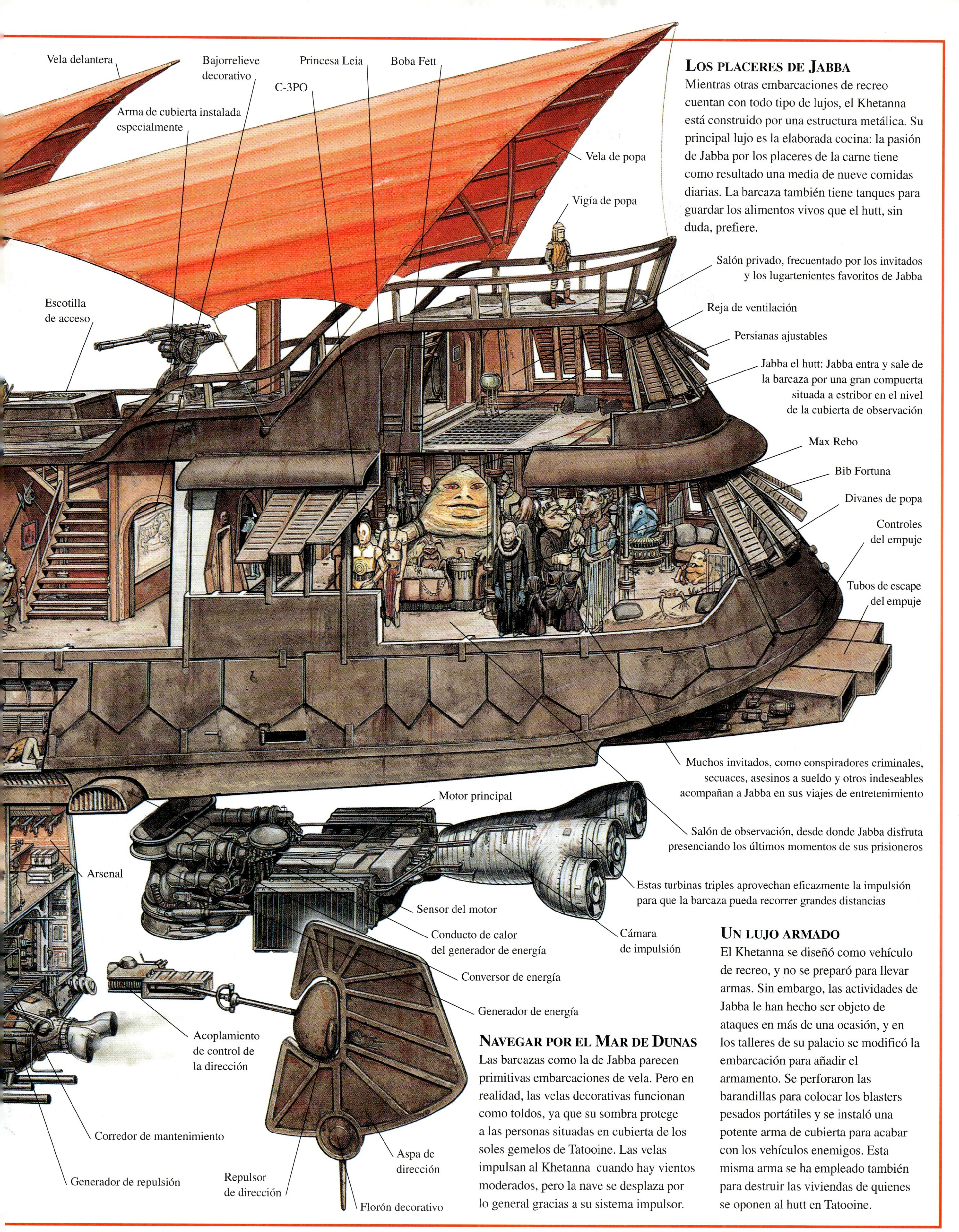
Vela delantera
Bajorrelieve decorativo
Princesa Leia
Boba Fett
C-3PO
Arma de cubierta instalada especialmente
Vela de popa
Vigía de popa
Escotilla de acceso
Salón privado, frecuentado por los invitados y los lugartenientes favoritos de Jabba
Reja de ventilación
Persianas ajustables
Jabba el hutt: Jabba entra y sale de la barcaza por una gran compuerta situada a estribor en el nivel de la cubierta de observación
Max Rebo
Bib Fortuna
Divanes de popa
Controles del empuje
Tubos de escape del empuje
Muchos invitados, como conspiradores criminales, secuaces, asesinos a sueldo y otros indeseables acompañan a Jabba en sus viajes de entretenimiento
Motor principal
Salón de observación, desde donde Jabba disfruta presenciando los últimos momentos de sus prisioneros
Arsenal
Estas turbinas triples aprovechan eficazmente la impulsión para que la barcaza pueda recorrer grandes distancias
Sensor del motor
Conducto de calor del generador de energía
Cámara de impulsión
Conversor de energía
Generador de energía
Acoplamiento de control de la dirección
Corredor de mantenimiento
Aspa de dirección
Generador de repulsión
Repulsor de dirección
Florón decorativo

Los placeres de Jabba

Mientras otras embarcaciones de recreo cuentan con todo tipo de lujos, el Khetanna está construido por una estructura metálica. Su principal lujo es la elaborada cocina: la pasión de Jabba por los placeres de la carne tiene como resultado una media de nueve comidas diarias. La barcaza también tiene tanques para guardar los alimentos vivos que el hutt, sin duda, prefiere.

Navegar por el Mar de Dunas

Las barcazas como la de Jabba parecen primitivas embarcaciones de vela. Pero en realidad, las velas decorativas funcionan como toldos, ya que su sombra protege a las personas situadas en cubierta de los soles gemelos de Tatooine. Las velas impulsan al Khetanna cuando hay vientos moderados, pero la nave se desplaza por lo general gracias a su sistema impulsor.

Un lujo armado

El Khetanna se diseñó como vehículo de recreo, y no se preparó para llevar armas. Sin embargo, las actividades de Jabba le han hecho ser objeto de ataques en más de una ocasión, y en los talleres de su palacio se modificó la embarcación para añadir el armamento. Se perforaron las barandillas para colocar los blasters pesados portátiles y se instaló una potente arma de cubierta para acabar con los vehículos enemigos. Esta misma arma se ha empleado también para destruir las viviendas de quienes se oponen al hutt en Tatooine.

UN LIBRO DORLING KINDERSLEY

Título original: *Star Wars. Incredible Cross-Sections*

Editor artístico Iain Morris
Editor del proyecto David Pickering
Editora americana Jane Mason
Responsable de la edición artística Cathy Tincknell
Técnico informático Kim Browne
Producción Louise Barrett, Katy Holmes y Steve Lang

Traducción: Carlos Mayor

Publicado originalmente en Gran Bretaña
en 1998 por Dorling Kindersley Limited,
9 Henrietta Street, Londres, WC2E 8PS

Impreso en Italia - Printed in Italy
1.ª edición: abril, 1999
ISBN: 84-406-8905-5

Ésta es una coedición de Ediciones B, S. A.,
y Ediciones B Argentina, S. A., con Dorling Kindersley Ltd.

Agradecimientos

Hans Jenssen ha pintado el caza X, el caza Y, el *Halcón Milenario*, el TIE avanzado X1, la *Estrella de la Muerte*, el caza TIE, la nave antibloqueo y el AT-AT.
Richard Chasemore ha pintado la barcaza de Jabba, el *Esclavo I*, el snowspeeder, el AT-ST, el destructor estelar y el tractor de arena.
Dorling Kindersley y Ediciones B, S. A. quieren dar las gracias a Nick Turpin, Will Lach y Connie Robinson por su colaboración editorial,
y a Anne Sharples por su contribución al diseño.
El autor desea enviar un agradecimiento especial a los artistas, que han sido los colaboradores más importantes de este proyecto, así como a Curtis J. Saxton
y a Robert B. K. Brown por sus excelentes observaciones técnicas sobre las naves de *La guerra de las galaxias*.